图解 精益制造018

本田的造型设计哲学

かたちはこころ——本田宗一郎直伝モノづくり哲学

[日] 岩仓信弥 著　　郑振勇 译

人民东方出版传媒
People's Oriental Publishing & Media
東方出版社
The Oriental Press

图书在版编目（CIP）数据

本田的造型设计哲学／（日）岩仓信弥 著；郑振勇 译．—北京：东方出版社，2013.7
（精益制造；18）
ISBN 978-7-5060-6520-7

Ⅰ.①本… Ⅱ.①岩… ②郑… Ⅲ.①汽车—造型设计—研究—日本 ②汽车工业—工业企业管理—研究—日本 Ⅳ.①U462.2 ②F431.364

中国版本图书馆 CIP 数据核字（2013）第 154834 号

精益制造 018：本田的造型设计哲学
(JINGYI ZHIZAO 018: BENTIAN DE ZAOXING SHEJI ZHEXUE)

作　　者：［日］岩仓信弥
译　　者：郑振勇
责任编辑：崔雁行　高琛倩　赵晓明
出　　版：东方出版社
发　　行：人民东方出版传媒有限公司
地　　址：北京市西城区北三环中路 6 号
邮　　编：100120
印　　刷：鸿博昊天科技有限公司
版　　次：2013 年 7 月第 1 版
印　　次：2021 年 2 月第 4 次印刷
开　　本：880 毫米×1230 毫米　1/32
印　　张：5.125
字　　数：98 千字
书　　号：ISBN 978-7-5060-6520-7
定　　价：26.00 元
发行电话：(010) 85924663　85924644　85924641

目录

序 001

译后感 001

第 1 章　本田宗一郎的教诲 001

不要模仿　001

开始挨骂　003

彰显 200cc 的方法　004

高标准　006

开动脑筋　008

看、察、观　009

坚持到最后　011

反之亦然　013

原理原则　014

从地狱到天堂　016

同一个形象　018

标志为谁而设　020

同一个目标　021

志存高远　023

看到地狱　025

从顶点俯视　026

乡下人　028
苹果从哪里开始变红　030
设计师是魔术师　031
不安全、无设计　033
钢铁假面　035
意大利皮鞋　036
点、线、面、形……　038
再谈“不要模仿”　039
意境　041
长崎的出岛　043
跑车和豪华车　044
在正业之路上好好干　046
暴脾气老头儿　048
第 2 章　“思域”开发轶事　**051**
精炼　051
灵感　053
异质并行　054
实用小巧　056
智慧较量　058
5 平方米　059
梯形风格的稳定感　061
胖墩儿　062
小霸王车型　064

晴天哥 066

简约又不失魅力 067

GL 型诞生记 069

第三个门 070

一缕清风 072

把脊梁骨挺直 074

精美匣子 075

思域改变本田 077

神乐坂的老师 078

真正的用户 080

回归原点 081

第 3 章 形即是心 085

从“Design”到“设计” 085

设计和发明 088

先见、先得、先进 092

短语 095

刚柔相济的设计 098

形即是心 101

与矛盾的斗争 104

基本造型○△□ 107

设计和品牌 110

设计是“企业的脸” 114

文质彬彬 117

设计师的能力　120
不二之山　123
设计的共创力　127
“饭团子”与“腌菜石”　130
一无所有　133
“设计管理”的威力　136
设计是文明还是文化　139
后记　143

序

一九六四年，我加入刚刚进军汽车产业的本田技研工业，在从事思域、“本田 CR-V”、奥德赛等设计和产品开发工作期间，受到创始人本田宗一郎等历代总经理的熏陶，得以不断成长。

在我即将跨入不惑之年之际，全世界饱受石油危机和环境问题的困扰，使得产品制造，尤其是我的专业——汽车设计也因此陷入僵局，就在那个时期快要结束时，一句话浮现在我的脑海，那就是“形即是心”。从那时开始，我便把这句话当作座右铭，融入到设计和产品开发工作之中。二十世纪九十年代初，泡沫经济崩溃的浪潮袭击日本，在这种恶劣形势下，我作为产品负责人，与同事一起同心协力，凭借产品竞争力渡过了那场危机。

七十年代的石油危机、九十年代的泡沫经济崩溃，二十年后的今天，美国金融风暴引发的经济危机席卷全球。日本也未能幸免，在这场危机的影响下，日本制造业的基础也开始被动摇。

现在，我再次回忆起本田宗一郎先生的勇气和睿智，他战胜重重难关打造出“世界的本田”。各位前辈、同辈以及杰出的晚辈，继承了这种意志，并使其发扬光大。他们具备共同的“本田 DNA”，亦即常常心怀“梦想”、带着“热情”、勇于“挑战”的态度。

本书是将“心”和智慧作为“产品制造的哲学”编写而成的，“心”是在继承了本田宗一郎先生 DNA 的本田技研工业学到的，智慧是作为设计师，站在经营的立场上，从“产品制造”、“外观设计”的一线工作中习得的。

本书由三章构成。其中，第三章是将曾在月刊杂志《设备工程师》上连载的随笔《形即是心》进行删改、修订后汇编而成，最初的连载是为了让该刊读者理解设计这一概念编写的，另外两章“本田宗一郎的教诲”、“‘思域’开发轶事”，重新编辑了在博客（http：//edit64. jp/education/）上发表的随笔《教育者“共育”也》中的部分内容，该博客由松冈正刚先生主持的编辑工程研究所、ISIS 编辑学校主办。

本书封面上印有“?”和“!”组合的符号“!?”。这个符号的含义在正文中也会述及，那就是“探究、求知的心?”

和“感叹、感动的心！”，亦即“好奇心！?”。我一直坚信，唯有这样的心才是“产品制造”、“外观设计”的源泉。本书若能对在产品制造现场的各位读者有所帮助，笔者将感到不胜荣幸。

多摩美术大学教授　岩仓信弥

二零零九年三月

译后感

去年十月中旬，东方出版社邀我翻译岩仓信弥先生写的一本书，亦即本书《本田的造型设计哲学》，他以前是本田公司设计师。当时，我正着手设计家用 LED 照明产品，心想，既然是设计师写的书，在设计方面肯定有值得借鉴的地方，不如边译边学大师的设计理念吧，于是便欣然应允。

本书的主题是“如何设计”或者说“如何创新”。全书分为三章，每章若干节，一节一故事。虽然每段故事都独立成篇，但篇篇不离全书的主题。作者把本田公司创新的秘诀，毫无保留地呈现在读者面前，揭示了在创造过程中，妙用科学知识、哲理乃至佛法的重要意义。现如今，“创新”口号喊得震天响，但是“如何创新”，还真鲜见有人提及，因此，作者此举更显难能可贵。没有华丽的辞藻，只有朴实的字句，没有空洞的说教，只有创新的妙招，这应该说是本书的真实写照。

提到创新的妙招，那正是我设计 LED 照明产品要学的呀。本书开篇第一段故事，说的是作设计“不要模仿”，后面还有一段故事，说的依然是这个理念，可见，作者对本田先生“不要模仿”的教导非常重视。这让我忆起四年前设计 LED 照明灯驱动电源的往事。

四年前，LED 照明还是个新鲜玩意儿，世界各国刚刚起步研发，它节能环保，是利国利民、造福全人类的好产品。认识到这一点，我便想开发一款 220V 交流供电的驱动电源，用于小功率 LED 照明。

当时，世界各国提出的驱动电源方案五花八门，但几乎都不是特别成熟。阻容降压方案成本低，但不恒流，影响使用效果和使用寿命；开关电源方案和专用芯片方案，虽然恒流，但成本高，且会产生电磁干扰，不适合小功率 LED 照明产品。能不能把各方案的优点汇集到一起呢？既有阻容降压的低成本特点，又有开关电源和专用芯片的恒流特点。这想法，恰好与第三章的一段故事——《与矛盾的斗争》产生了共鸣。

书中指出，“成功源自渴望”。渴望亦即“愿”，“愿”引导出智慧，智慧产生优秀设计，这是本书公开的创新秘诀之一。当然，由于渴望，我设计的那款电源成功了！而且，测试用的驱动电源已经正常运行了近四年，性能相当稳定。

作者还公开了突出产品特点的秘诀，散见于各章节。“S8”的臌凸、本田H标志等，都是书中提到的经典之作，还有“○△□理论”，更是妙趣横生。如何彰显自己产品的特色，我设计LED照明产品时也遇到了。作者在设计第二代本田思域前，到北美转了一圈，考察市场。同样，在设计LED吸顶灯产品之前，我也出去转了一圈，不过不是北美，而是古镇。

古镇不愧为灯都，那里的各种LED照明让人目不暇接。但是，LED吸顶灯光源尚未有太大的突破，除了圆盘状的就是圆环状的，似乎有些单调也乏新意。于是，根据本书揭秘的○△□理论，结合我国天圆地方的理念，设计出一款外圆内方的LED吸顶灯光源板。这种设计还有一个好处，中间抠下来的那个方形也不浪费，用于制作另一款小功率防水LED吸顶灯，既丰富了产品阵容，又降低了成本。这种降低成本的方法，也从本书学到的。

“不安全，无设计”是一个故事的标题，也是作者遵循的设计原则之一，书中多处提到这个理念。作者在这一节中，详细介绍了开发团队是如何重视安全的，为了一个小小的开关，竟然耗费大量人力物力，甚至不惜给“生产和销售造成混乱”，以提高安全性能。是呀，“安全第一”的口号不知道喊了多少年，但是，真正深入每个人的内心了吗?

四年前，设计前面提到的那款小功率LED照明驱动电源时，也考虑到了过流保护问题，输出端过流保护由IC芯片完成，输入端并未设置保险管，而是串接一个 1W 的小阻值电阻，一方面吸收浪涌电流，一方面起过流保护的作用。但是，相比小阻值电阻，保险管当作过流保护的器件效果更好，更安全。译完“不安全，无设计”这一节，我一下子就醒悟过来了。于是，决定给那款驱动电源改改型，输入端增加一个保险管，虽然这样做会增加成本，但是，安全性能却得到大幅度提高。

本书的主旨“形即是心”，是作者“从痛苦和烦恼中发现的”哲理，并将其当作座右铭，融入到设计和产品开发工作之中，它也是贯穿本书的一条主线。作者指出，人的心境会彰显到自己制作的产品上，并列举大量实例证明此言不虚。心中无我忘我，想着为全社会、为全人类设计产品，在此基础建立起来的“愿”，必定能引导出智慧，有了智慧，创意便自然而然涌入脑海，于是优秀的设计诞生了。

事实上，又岂止是设计，与自己相关的一切事与物皆会显露自己的心。换言之，自己的心皆体现在与自己相关的一切事与物上。佛家有“境由心转”之说，指一个人所处的环境及境遇会随着自己心境的转变而转变。这话玄奥无穷，或许我们现在难以理解，但是，作者在本书中也说：“定理和定律直接用就行”，姑且把这当成一条真理，照着做就是了。读过本书之后，或许能从作者用无形的“心”编写的有形的书中得到一些启发吧。

的确，形即是心。

由于译者水平有限，错误之处在所难免，敬请读者批评指正。如有任何意见，请发送邮件至：383290039@ qq. com。

在翻译本书的过程中，得到友人佐藤女士的热情帮助，在此表示衷心感谢。

谨以本译作献给我的恩师和父母。

郑振勇

二零一三年三月

第 1 章
本田宗一郎的教诲

不要模仿

二十世纪五十年代末期，“本田超级幼兽 C100”大受欢迎。这款车是 50cc 小型摩托车，因无离合器手把，可单手骑车而畅销，尤其受到荞麦面馆的外卖人员、报纸配送人员等用户的好评。见到这个成功，其他公司也纷纷效仿。于是，这种两用车的仿造车型大行其道，日本的大街上到处都是，以至被称为 Y 公司幼兽、S 公司幼兽。

那时，日本也终于开始意识到外观设计权，争讼的结果，本田技研工业（以下称为本田）获胜，对方公司被裁定向本田赔偿数亿日元。然而，时任总经理的本田宗一郎先生（以下称为本田先生）决定不要赔款，只要让对方承认是由本田制造的就行。据悉，当时负责营业、生产、开发等部门的高层对这一决定还颇有微辞，本该到口的一块肥肉就这么飞走了。

第二天早上，报纸大肆报道此事。这样一来，大家都明白了本田才是原创。本田先生决定放弃接受赔款，换来世人对本田独创性的认可，同时，公司内部独创重要性的意识也得以加强。那时，二战结束时间不长，粮食短缺，家庭主妇用于上街购物的车型，即自行车上安装一个小发动机的本田A型（一九四七年）及其改良型——带有白色油箱和红色发动机的幼兽号（一九五二年），这些车型的开发，都在法庭的判决中发挥了决定性的作用。

一九六四年，我刚刚入职本田，并以进入一家优秀的公司而自豪，同时也具有很高的觉悟，知道绝对不能模仿。直至退休，这种理念依然如故、从未改变。时至今日，我似乎还能听到本田先生那"不要模仿"的声音。值得一提的是，超级幼兽自发售起至今已逾五十载，依然在全世界热销。

本田先生是一个视梦想如生命的人，在艰苦的经营环境当中，还挑战英国属地曼岛旅游杯（Tourist Trophy Race）这一世界顶级赛事，号召年轻职工实现世界第一的梦想。于是，从开始挑战后过了三年即一九六一年，终于实现完胜，并于第二年即一九六三年，本田雄心勃勃进军汽车产业。

那时，我看到本田发布的试制车"本田S500"后，便下决心进入本田公司。入职翌年即一九六五年，本田在顶级汽车大赛 F1 墨西哥大奖赛中获得冠军。我也是那时才切身体会到“成功源自渴望”这句话的深刻含义，年轻的心中燃起了雄雄斗志。

开始挨骂

我正坐在那儿专心致志地弄着泥塑模型（与实物等大的粘土模型，用于设计研讨。——作者注），头顶传来一声大喝：“小子，这是什么玩意儿？”“是 50cc 摩托跑车。”我答着话正要扭头看，头顶又传来更大的声音：“我问的是空滤器在哪儿！”我吃了一惊站起身来，原来是仰慕已久的本田先生站在身后。这就是我首次和本田先生面对面讲话的经历，那是一九六四年，我进入公司刚半年左右。

我紧张不已：“内置在车架内部。”话音未落，就听到一声吼：“你这个混账东西！”我首次体验“挨骂”。那时候，无论是管车架还是冲压车架，摩托车的空滤器都独立安装到车架外面，这是业内常识。“在冲压车架上开孔，那架子就不结实了，难道你不知道吗？”本田先生用更严厉的语调继续训斥道。

我最初的理想是设计汽车，入职本田之前，一张摩托车的图都没画过。然而，画图时，我希望融入当时流行的 ID（工业产品设计）风格，就像把子弹放在握把当中的德国手枪“沃尔特 P38”那样，我认为将空滤器内置于车架中显得很时尚。

负责车身设计的前辈技术人员给予我很大帮助。为了提高强度，便换用更厚的钢板，结果冲压收口却总是不理想。于是，增大棱线的角R（带角的圆）。尽管如此，强度依然不足，因而又把车架截面加粗很多。这样一来，离我想象当中那种修长的样子越来越远，最后连盖子都加大以便取放空滤器。最终结果与我最初的设想完全背道而驰。

过了几天，本田先生又来了。他目不转睛地盯着泥塑模型好一阵子，不过，这次一声也没吭。我再看那泥塑模型，改到几乎要放弃的车架，看上去如此地结实而具有安全感，看上去如此地好骑，看上去如此地高档，可它依然不失跑车本色，颇具个性。相比之下，之前我画的草图是不是太小家子气了？

这款我命名为“枪握把式”的泥塑模型，后来被命名为“SS50”推向市场。现在，我已退休，可听说在越南的大街上依然到处可见它的身影，世界各国都在生产。作为一名设计者、制造者，最欣慰的事情莫过于此。

彰显200cc的方法

把“本田S600”的排气量提高200cc，即增至800cc，这个MMC（小改型）工作被交到了我这个刚入职不久的新人手上。虽说是MMC，可也是一直期待的四轮的工作，高兴得心怦怦直跳。

这次改型，不仅提高排气量，还对驱动方式和悬架进行了重新设计。“希望控制成本，所以千万不要随便改动外板（钢板）。”工程设计部门的人千叮咛万嘱咐。

这款车搭载强有力的发动机，如何单靠附件（装饰部件）彰显这一特点呢？最为有效的方法，莫过于更新“鬼面罩”（网状配件，安装于发动机冷却用前开口部位）了。然而，作为设计师，我野心很大，连车身也想改一改。“工程设计部门的要求也得考虑！”正在犯愁，本田先生来了。

他一看见模型马上问道：“多大马力？”我答不上来，正不知所措，就听到一声怒吼：“连这都不知道？你是干嘛吃的！”头儿替我解围：“70 马力，提高 13 马力。”本田先生说：“发动机罩要有点儿特色呀。”说完还瞪我一眼。

工程设计部门一直叮嘱“别动外板”。“嗯……”我刚想解释一番，就让头儿给拦住了，“我们试试。”他应了一声。于是，四联化油器正上方煞有介事地带上一个臌凸。我乐得跳起来，然而工程设计人员却给我当头一棒：“这种变更毫无意义。”

这就是俗称“S8（本田 S800）”特色的发动机罩“臌凸（bulge）”的诞生。这个车身设计是我的处女作，多亏了头儿帮助，真心感谢他。心里那个美呀，终于找到了汽车设计师的感觉。话虽如此，对于连马力都不知道的事，我一直在深刻反省。

通过这项工作我明白一个道理，对于每一个人来说，个性和特色是至关重要的，同样，对于每一件产品来说，也要讲究“与其他产品的不同和差异”，它能让购买者感受到与众不同的喜悦。设计有责任表达内涵。

虽说200cc实现了13马力的价值，但与“本田S600”的差异，以及与竞争对手汽车的“不同”，全是由臌凸彰显出来的。

宣传部门制作了产品样本，样本上的照片当中，最醒目的既不是新设计的鬼面罩，也不是前后灯之类的东西，而是发动机罩上的臌凸。那臌凸还登上了汽车杂志封面，它一下子就成了“S8”的“脸”，成了“S8”的“荣耀”。

高标准

二十世纪六十年代中期，本田先生下令：“制造能够月销一万辆的面包车！”那时，日本全国销售的面包车，就算把最优秀的四家公司合到一起，也做不到一个月销售一万辆。那是入职后的第二年，我已当上了设计代表。当时我十分不解，这到底是什么计划呀，竟然要把那些销售量全部拿下。

新进入这个领域时，通常的营销手段，都是先比较彼此的竞争力，讨论能够抢占多大份额后，再决定生产数量。但是，这次从一开始，本田先生就完全没有这个意思。那时，竞争对手的所有车型，其发动机都在 20 马力上下。要是乘坐四名成年人，后座就显得格外拥挤，后备箱几乎形同虚设，从设计上看给人感觉就像是玩具车。而那些车的售价，都在 40 万日元左右。

与之形成鲜明的对比，我们这款名为“本田 N360”的车，马力增加 50%以上，达到 31 马力。本田先生一声令下，仅用二年时间即达到生产能力。车内空间足以容纳四名成年人，行李箱也够用，既有轿车的优雅，又有跑车的性能，而且售价仅为 315000 日元，没有卖不出去的道理。

一天，本田先生说道：“你去店里看看。”果然不出所料，拿着一捆捆钞票排队的顾客，在店门口排成一字长蛇。那店面也就比卖自行车的店铺稍好一些，算不上宽敞，店里甚至连一台展示的样车都没有。这时，装着几辆“N360”的大卡车开过来。一辆一辆卸车时，顾客喜笑颜开，不但手续都迅速办完，甚至连销售代表的说明都没有听就等不及要开车走人。

这就是本田先生让我看的东西。通过这种形式，在工作现场，为我打上了产品制造哲学的烙印，即“把用户的快乐当成自己的快乐”。之后，这款车的月销量远远超过一万辆的预期目标，最高达到二万五千辆。

那时，“高标准，严要求”的口号每天都挂在嘴边，时至今日，无论要做什么事情都还能够想起。可以说，“N360”的确是“产品导向（供应商提供以前市场上没有的新产品）”

的一面镜子。

在我看来，本田先生也是一位“市场导向（根据市场需要提供合适的产品）”的高手。他不依靠当今流行的数据库把握市场，而是凭借磨练出来的敏锐感官，通过亲身体验，了解“现场”、“现实”后作出“产品导向”，是靠“产品”制造。

开动脑筋

记得是研发“本田 N360”的时候，在进行到装饰部件等零部件设计阶段时，本田先生每天都催我们开动脑筋，要求我们反复推敲想出更好创意、制造出更好的东西。

在外观方面，有一个方案，即率先采用树脂材料制作挡泥板及后备箱盖（后备箱的盖子）。两轮中的“绵羊”和“超级幼兽”、四轮中的“AK360”，都比竞争对手早一步开始采用。该方案一次注塑即可成型，还能减轻重量、增强抗冲击能力。

但是，除了这些显而易见的好处，还有很多困难在前面等着，诸如确保与车身的配合并能顺利开关、前挡泥板的安装方法、行李箱盖的强度、防止注塑成型时筋条收缩（注塑成型后，产品局部凹陷）的措施、涂装精加工、配色等等。

此外，还有诸多其他困难。首先是天线，原本它要放到中心支柱（支撑车顶的支柱）的箱形截面内。可是，放进去比较费劲，于是用一根弹力较大的细铁丝解决问题。伸出天线行车，风一大就弯曲，导致灵敏度急剧下降，又是一个大难题。就连在点火钥匙平面部分开个孔，用这个孔帮助拉出天线的招数都想出来了。

“保险杠”是辊轧成型一体的。因为槽型端面的垂直面朝上，处理围裹两侧部分端头，也费了九牛二虎之力，就是为了让电镀亮一些。“加油口盖（加油口的盖子）”放在副座门的后方，车门与门柱之间的缝隙处安装开关杆，并取消油箱盖专用钥匙，使得不开车门就无法进行操作。

“油箱盖（油箱的塞）”是廉价的树脂吹塑件。“鬼面罩”上安装本田标识和方向指示灯后，它们的座面也一体化。“车门拉手”的灵感来源于“超级幼兽”的手刹，是铝成型件。各种创意层出不穷。

我暗忖：融入前所未有的独特创意，花费的心血不亚于参加比赛，为何对这种小型车如此上心呢？但是，话又说回来了，无论做什么都会有舍有得，造出产品必定费一番辛苦。在这种车型的开发过程中，可以同时体验采用各种材料的诸多制作方法。向困难挑战会吃很多苦，但快乐也无边。通过亲身体验，我记住了一句话——“有多困难就有多快乐。”

看、察、观

在四轮行驶试验室，本田先生黑着脸命令道：“把设计人员叫到这里来！”没找到主管，也没找到头儿，我自己大着胆子就过去了。本田先生见了我立刻问道：“这玩意儿是你弄的吗？”我还没弄明白是什么意思就应了一句：“是。”可后悔也来不及了。

那里停着一辆“本田 N360”试制车。“为什么这么高呀？”本田先生目光严峻。仔细一看，的确比在外观设计室中见到的泥塑模型，无论怎样看都高一些。更严重的是，车身感觉好像从车轮上漂浮起来。而且，后部上提前倾。蓦地，我觉得轮胎与车身的连接方法有问题。

于是，我应了一句：“是悬架（suspension）有问题吧。”本田先生用更大的嗓门喊道：“你天天盯着它，怎么没早发现？”我本想回答：“不，这是第一次看到。”话还没出口，就听本田先生说道：“马上给我改好。”

我惊慌失措，搞不清楚为什么挨一顿骂。据说，在旁边一直看着的负责人正要讲这个问题，本田先生就来了，大喝一声：“造型太难看，叫设计师来！”虽然觉得为这种事情挨骂有点儿冤，但下决心以后一定认真看。

汽车的车身，通过挠性可动悬架放到轮胎上方。虽然脑子里明白这个，不过，当时却是首次认识到可能是悬架出了问题。回过头来再打量外观设计室里的模型，它平放在那里，但无人知晓其高度是怎样设置的。

事实上，与工程设计的商定也好约定也罢，不可能完全吻合，大家都凭自己的好恶做事。据说，工程设计人员也急急忙忙跑去看那辆问题样车。在那里，他们也大吃一惊：“无论怎么说，这造型也太难看了。”于是，大家决定集体协商来进行修改。

听说工程设计人员后来终于把车身放到“造型好看的位置”，为此他们付出了太多的心血。从此事中我领悟到，“自己做的东西需亲眼查明”至关重要，也深深体会到，对于设计师来说，“眼睛就是命根子”。

“看”也有多种，眼看、体察、心观、照料、读心，但最后还是要打开“慧眼”。

坚持到最后

“本田 N360”发售后不久，本田先生说：“马上带着车上这儿来一趟。”于是，大家急忙把新车放到外观设计室中央。本田先生围着它转来转去，然后以严厉的口吻说道：“你们在大街上经常看到这款车吗？”

众人异口同声答道：“是。”本田先生瞪了大家一眼，说道：“那么，为什么不改改它的缺点呢？”当然，这辆车确实有让人担心的地方和不够完美的地方。但是，它刚刚发售就广受好评，销路也不错。本田先生这样说，无疑是给我们发热的头脑浇了一盆冷水。

从那天开始，我在大街上看到担心会出问题的地方，便回到外观设计室确认，如此反反复复做了无数次。遗留的最大问题是前后支柱（pillar），在把侧面的玻璃从平面变更为曲面时，由于在开发过程中急于变更，前后支柱就未能随着一起修改，从前面和后面看，棱线依然是直线。

这两根支柱的棱线，也必须从直线变更为曲线。由此引起的这几毫米改动，要对前后两侧支柱及车顶的模具进行大规模变更。动静太大了，我们心里七上八下惶惑不安，本田先生下达指示："去模具厂跟厂长说明情况。"

这类传令的活儿，在"N360"批量生产前我干过好几回，每次去，厂长总是来一句："又是你小子呀。"他甚至在背后给我起个外号"设变（工程设计变更）使者"，但这次的变动确实比平常大了不少。

我到那里一看，头头脑脑都已聚齐，"哦，'设变使者'大驾光临啦。"人们用这话迎接我。似乎大家已经得到消息，我悬着的一颗心终于稍稍放下了一些。但介绍完毕，还是嘘声一片。沉默了好一阵子，厂长才开口说道："试试看吧，尽量说服大家。"

回来后，向本田先生汇报完情况，只得到三个字的回复："知道了。"工作正式开始，已无回头路可走，只能坚持到最后。结果，由于这次大幅度的调整，这款车焕然一新，几乎都不认得了。就像重病患者恢复健康，前后模样有天壤之别。相信当时每个人都有这种感觉。

对泥塑模型彻底改造之后，就把所有变更项目全都应用到批量生产的车上。当时，厂长说道："喂，设变使者，你知道至今为止花了多少银子吗？ 跟一辆车模具的钱差不多。可别让这个学费白花啊。”这句令人终身难忘的话，铭记在心已三十余载。

反之亦然

轻型厢式客车“LN360”首辆试制车完工。 其特点是后门上下两片打开，虽说是试制车，但上开的合页太难看，都鼓出来了，不免令人担心。 果然不出所料，被本田先生发现。 一看见我马上就怒目横眉，问道：“这是什么玩意儿？”

那种造型，我也是第一次见到。 这种结构部位是工程设计人员的“杰作”，与外形设计室无关。 不过为时已晚，“立马给我改！”本田先生厉声喝道。

我曾想能轻易地把凸缘弄下去，但后来才知道，那可不简单。“那地方您给想想办法吧。”我拜托工程设计人员。“不把门上方的边缘弄成水平线可不行。”人家冷冷地回了一句。这时，本田先生来了。

“汇报到此结束，请多多指教。”工程设计人员结束了有关结构方面的说明。“全是借口！”本田先生又大喝一声，“要是那样，就考虑外置吧。”一直努力消除凸缘，可突然间又让摆在外面，我感到不知所措。

马上就参考“本田 S600”行李箱外置合页开始设计，由于强度的原因，后背门侧的安装位置受限，总是不大合适。因此，尽量努力缩小这一部分的形状，以免太引人注意。本田先生一见就说：“再大些，让它更显眼。”他所说的，与自己的想法大相径庭，真的越来越糊涂，使人丈二和尚摸不着头。于是，不管三七二十一就往合页模型上堆粘土，使其比原来大了一半儿。我想，这回行了吧，然而本田先生大声申斥道：“一点儿没变。还不明白吗？”说着，把合页摔到地上。

“这样还是不显眼！肩章大了闪闪发光才有用。”本田先生说。于是，又给增大一半儿。终于听到本田先生喊一声：“好了。”结果，合页比原来增大一倍。

之后，那个合页在同事之间就称为“肩章”了。大小也好形状也罢，统统都超出自己所允许的限度。它问世后，没有人说不满意啦讨厌啦之类的话，从这一点上看，或许我太拘泥于“缩小体积以免引人注意”了。

是“反之亦然”还是“见风使舵”，一根筋似的拘泥于固定理念就不会进步。仅局限于自己的想法，就像井底之蛙见不到宽广的天空。我领悟到，大多数不特定用户的喜欢是至关重要的。

原理原则

见到“本田 H1300 四门轿车”的泥塑模型，本田先生说："这儿有点儿瘪。这样看上去强度不够。"这时已经到了讨论车身截面的步骤。干活儿的当事人完全没有意识到车身凹陷。"哪里瘪呀？"正在疑惑，本田先生用手一指，说道："就这儿。"

那个位置恰好是车身侧面的肩头附近，从门上方往下100 毫米左右之处。从前面到后面有一条很夸张的贯通线。这是设计人员的表现手法，以那条线为界，与其上边的面相比，下边的面凹进去一截，出了一个斜坡。斜坡部分呈倒R（圆弧形截面）状，利用那里出现的凹陷形状，使车身截面看着有立体感，再利用那条夸张的线，使车身看起来更长一些。

"你懂冲压吗？冲压就是对板材（钢板）进行拉形、拉深加工，成型后的工件出现硬化现象。如果瘪下去就不会硬化，所以，它不结实。"反应是一脸茫然，本田先生大吼一声："先把瘪的地方给我填平！"绞尽脑汁苦思冥想，到头来光剩下窝心了。一边往凹进去的地方填粘土，一边嘀咕，"板材硬化"到底是什么意思？只能加工凸面吗？我可得好好学学。找干车身、材料、模具、冲压的同事去请教，他们都是开发"N360"时结识的。

我明白了一个道理，不懂原理原则是无法搞出"造型"的。钢板有抗张力，拉深时如果超过弹性限度就会断裂。但是，如果适当地拉深，不但不会断裂，反而还能增大其强度且以后也不变形，钢板呈这种状态就称为"硬化"。我认识到，不断地妙用材料和制造方法至关重要。 也就是说“并非怎么想就怎么画图，再用粘土制作模型就行了。”那意思就是看看称为名车的汽车，果然名不虚传，应该超群出众的地方全都像模像样。

我还发现，所谓“表面”，它与人脸一样，舒展开来便很光滑，看上去精神抖擞。 两颊瘦成一条，满脸褶子（皱纹）就是一副穷酸相。 汽车产品人命关天，大家期盼的是信得过的设计。 我深深地感觉到，本以为通过开发“N360”来进行各种试验，其实差远了，还有很长的路要走。

有些道理是以后才明白的。 是不是光遵守原理原则就行了呢？ 其实也不尽然。 就算洞悉一切，可是不超越它们就不会有“创意”。 不过，近来恰恰相反，光是些需要死记硬背的东西。 灰尘今天扫了明天还会落下，每天如此，从无例外。

从地狱到天堂

听说本田先生在车身试制室要负责人来一趟。 头儿说：“你去一下。”本田先生叉着腿站在“本田 H1300 四门轿车”的车身前。 车身各部分都做了钣金加工，它们已在焊接夹具上连接好，下一步就要与车门合在一起了。

“是你呀！”冷不防来这么一句。 上次也是这招儿，至今还有些发怵。 本田先生手里拿着两米钢尺，他把钢尺横在车身前，一边敲前后两个门一边瞪我一眼说：“立马想办法把这个像毛毛虫一样的玩意儿给我弄弄。”我一看，前后两个门，每个门的中间都是隆起的，前后两个在一起看上去还真的有点像毛毛虫。单件检查时，曾拜托技工给改一改，不过被他们以“技术上有难度”、“没有时间”等理由拒绝了，技工师傅们面有难色。我本不想分辩，直到最后不知不觉来了勇气，说道：“现在不好弄了。”话音未落心中一惊：坏了！但为时已晚。本田先生涨红了脸，说道：“你不明白。叫所长来！”

我飞奔到所长室。“那个……”“是老爷子？”“是，叫您去……”说着话所长已经走出大门。他一边走着一边问：“哪里有问题？”“钣金。”“那个……”解释的速度还不如脚步快。不知不觉间就到了现场。

本田先生一看见所长，马上就大声说道：“让他卷铺盖滚蛋！”满屋子都能听见。“明白了。”所长应了一声，然后拽了拽我的袖子，说：“走。”我一边跟在所长后面走，一边战战兢兢地问道：“那个……是要炒我鱿鱼吗？”所长闭上一只眼睛，说道：“如果因为这点事就被炒鱿鱼的话，谁都待不住啦。回头去钣金那儿看看吧。”

马上去钣金室。“又被骂了吧。不过，对你还真是刮目相看了。”技工师傅们说道，“那就开工吧。”他们就开始拆下四个门。我不解地问：“怎样弄啊？”“修呗。”我又问：“是修吗？”“哎呀，看着啊。”说着挽起袖子。

把四个门排好摆放在地上，准备好水桶和抹布，拧开燃气喷灯，冲着看起来像很关键的部位喷火，就像艾灸一样烧红那里，紧接着用湿抹布冷却。如此反复多次，什么榔头啦、压板啦统统都不用，就让那鼓起的车门完全变平了。

大家认为无论如何也没办法弄的四个车门，一个一个地修好，并完美地装到车身上。从地狱到天堂，真是不可思议的一天。本田先生是责备的名人，而所长也是出色的演员。

同一个形象

突然间本田先生大驾光临，他说："汽车的脸，既不能嘿嘿傻笑，也不能低声哭泣，要像老鹰的脸，具有全神贯注盯猎物那样的眼神。"当时，大家正为"本田 H1300 双门轿车"的正面设计没有什么特色而犯愁。

相比四门轿车，双门轿车的造型当然更希望是跑车型的。本田先生的一句话点醒了我们这几个梦中人，赶紧去书店买飞禽图鉴，临摹了好多张"鹰脸"，它具有敏锐的眼神和尖锐的喙（鸟类的嘴）。我觉得，打造立体相貌和敏锐的眼光，最好是"圆眼"。

为了显出精悍劲儿，在不违反前照灯高度规定的前提下，让前端部往下沉，大胆地选定单侧各两灯，左右共四灯并排的方法，那灯是与这级别汽车不相称的小圆灯。这"四目"出乎意料地奏效，烘托出了精悍、独特的容貌。

不过，一进入模具设计阶段，就遭到反对："这种设计本来就不合理。"设计好不容易才弄妥当，这下子又不知道该怎么办了。正在这当口儿，"我说，这不是把鹰脸弄出来了吗？"本田先生微笑着说道。

谁说不是呢，那就是鹰脸。我暗忖。此后，不论是谁逢人便说："鹰脸、鹰脸。"不久，模具设计人员也听到了，说："是啊，是鹰脸，要不我们想办法解决解决吧。"

与模具设计人员之间无法仅通过"大小"、"深度"等数字信息沟通，便以共同拥有的"鹰脸"形象为切入点开始交流，再看看实物就说："是吗，干吧！"

但是，进入模具设计阶段后，难题也如影相随。左右分开的格栅饰条与车身的接合面是用三维曲线做出的，因而组合不太顺利，总是夜以继日地用实物对来对去。

此外，四个前照灯的位置，处于前后左右上下三维空间，如果前照灯与围着它的格栅饰条位置，不能按我的想法定下来，只要哪里有一点点差错，就不是"鹰眼"而是"哭丧眼"，我自己简直都想哭了。

现如今，使用电脑一下子就能把变形灯和车身接合到一起，而那时日复一日的辛苦根本无法想象，尽管如此，为了"鹰脸"这一句话，我们都决心坚持到最后。

明确目标，并让大家对其形象达成共识，再难的工作也能够完成。

标志为谁而设

“这字儿是不是认不出来？”本田先生问道。当时，大家正在研究将“机械式燃油喷射装置（fuel injection）”的标志（emblem）放在哪里。“机械式燃油喷射装置”，安装在“本田 H1300 双门轿车”车身前部侧面，是专门为轿车自主开发的。

这一装置可提高引擎性能，因此想通过细腻、精密彰显其时尚形象。因此，大家使出浑身解数，以表现出优雅豪华的感觉，诸如给修长的 Roman 体的字镀铬，底色喷涂磨砂黑等等。“相比其他汽车，这款车的标志已经大了不少了……”刚一露出不服的表情，就被本田先生严厉地教训道：“让它更显眼一些！”本田先生再次强调。

“真的认不出吗？”又看了看。尺寸是不是不够大，字体是不是不好看，处理是不是有缺陷，不管怎样赶紧采取措施。首先直接把尺寸增加一倍左右。我原本以为本田先生会说“这玩意儿弄得太大了”，哪曾想，又被他严厉地训斥一顿：“怎能容忍设计师随意设计？”

理由是这样的。这项技术是本田可以在全世界夸耀的系统，由工程设计人员历尽千辛万苦开发而成。不过，用户无法从外表看到本田在发动机罩中加入了哪种先进的技术。参与制作的那些同事，有充分的理由为此挺起胸膛感到自豪。但是，你们设计师似乎既不考虑用户的心情，也不考虑制作人员的感受，总是天马行空地搞自己的设计。

再次反省。不仅在尺寸上有问题，在表现方法上似乎也有待改进。其一，过于简单，看上去不够高级。其二，电镀文字阳光一照就变黑，与黑色的底难以区分。其三，Roman字体的衬线（胡须状的装饰）繁杂难辨。

最终，文字长度定在300毫米左右，字体采用易识别的粗黑体，并使其更有立体感，选择能突出文字的底色，勉勉强强算是“通过”了。而且，还在后玻璃上贴一个大徽章。尽管这样，我还是先感到有些不好意思，心中暗想：是不是有点儿做过头了……

不过，开发这项技术的同事在推向市场后还专门为此向我道谢，说感觉得到了回报，弄得我怪不好意思的，同时，也令我振奋，原来“一个标志，能得如此之快乐”。

同一个目标

“不能制造出像人一样有感觉的车吗？”本田先生问。“本田思域”成功后，开始研讨下一代汽车。人能在熙熙攘攘的街区顺利地行走而不与别人相撞。从前方来的人自不待言，就算是从侧面和后方过来的人靠近，也能恰当地交错而过。这样的情景在汽车之间是否能够实现？团队里的人都觉得这个课题有些过于天方夜谭。

人行走时，会充分利用“五个感官”，即“视觉、听觉、嗅觉、味觉、触觉”来感知周围的状况。要是在当今时代，自然可以采用传感器，不过，在那个年代，汽车公认是“三等机器”，当然不敢期望能用上传感器了。因此，便从眼前最实际的问题着手，即如何尽量减少影响驾驶人员感官感知的因素。“判断”和“指令”也需要研究。不过很遗憾，研究所里找不到此类专家，大家便分头向专业老师请教。

学习后才知道，原来最需要依靠的是“眼睛”。根据老师的研究，眼睛承担了八成的信息收集工作。但是，眼睛还有一个特点，那就是一提高速度视力就迅速下降，视野也跟着变窄。而且，老龄化和长时间驾驶，对眼睛的影响也很大。如何让眼睛更易于发挥作用、如何减轻眼睛的负担，就成了“关键”之所在。因此，焦点就是极力减小驾驶员的死角。

此外，来自仪表类的信息要尽量易于查看，并考虑优先顺序进行配置。操作类的零部件，也都设法放在离手近的位置，以便驾驶员不移动视线就能完成操作，通过这样一系列的机械设计，让驾驶者的动作更灵活便捷，从而能够正确“识别”靠视觉得到的信息。

同时，为了立即“判断”所识别的信息，继而发出“指令”以做出相应的反应，必须让驾驶者一直保持身心处于正常状态。我觉得，最好是搞一款“不会让感到疲倦”的车。

于是，“雅阁三门”的广告词——“舒适的 120 公里巡航定速”闪亮登场。“雅阁三门”成了继思域之后最畅销的车型。其设计是这样的，前后支柱极细，尽量降低车身腰线（车身侧面中央附近的水平饰条）和发动机罩的高度，玻璃面积也大得令人吃惊。

率先在大众车型中配置诸如“自动空调”和“动力转向装置”等一系列高级功能。围绕着“令人倍感舒适”这一主题，经过各种各样的讨论，诞生了空前的新风格。确实，无形的思想幻化成有形的实物，这就是特点。大家朝着同一个目标，只要众人同心协力，天方夜谭也可以变为现实。

志存高远

正在设计第一代“本田雅阁四门轿车”的时候，本田先生大驾光临。一看模型他就强调：“四门的用户跟三门的用户截然不同。四门用户的要求，关键是看上去要宽敞要豪华，形状要更方，电镀饰条要更粗更多。”

雅阁三门作为“有成熟风范的跑车型掀背车”发售，它的市场评价也颇高，再加上这一次四门又属于人气旺派生车型的开发，因此，团队想照搬三门所具有的跑车型前部设计，以沿袭其形象。

我决定，三十五六岁时，继思域之后就选这款车了。外形四方、满车电镀，要是能向哪家公司预订就好了。不仅我这么想，团队其他成员也都这么想。因此，不知不觉地只是在形式上做文章，本田先生马上就看透了大家的心思。

他立即指出：“你们一点儿也不理解用户的心声，光站在自己的立场上考虑问题。”因为本来就没打算从头做起，所以也就不认真努力。无论弄多少次，其结果只是让本田先生越来越不满意。他每天都继续相同的话题，最后谁都躲他远远地。我实在忍不住了，突然改变以往那种唯命是从的态度，说：“您的要求太过分了，因为我们都没有过那种奢华生活的经验。”“混账东西！啊，给信长、秀吉（织田信长、丰川秀吉是日本古代知名的军事家、统治者。——编者注）做铠甲和披肩的人都得先当上大名吗？”本田先生大喝道。周围一片寂静，掉一根针都能听到。

此后，我去参观国立博物馆和临近的美术馆，看了看著名的工艺品和日用器具等。我不知不觉地想，日本“美”的原点，是不是存在于室町文化之中呢？让我最迷恋的就是世阿弥。追求“豪华”，最后都会遇到烦恼。

世阿弥完成《风姿花传》时的年龄，与我当时的年龄大体相当。我只能用“了不起”三个字来形容。他出生于身分低微的艺人家庭，备受将军宠爱却毫不奢靡，追求贵族阶级的“风雅”精髓，达到了“玄奥”的境界，这是一种独特的“美”，是“美”的极致。

世阿弥那种创作的源泉究竟出自何方？我试图探寻其中的奥秘，那就是志存高远，为全社会、为全人类，不屈不挠，不断创新，这是唯一的道路别无他途。我明白，还有很长的路要走。“勿忘初衷”，“守住秘密等于守住价值”，“离见之见（指演员应该在从事艺术创作的过程中保持冷静，既做演员又做观众。——编者注)”等话语，至今依然让我兴奋。

看到地狱

本田先生再次大发雷霆。那时，第一代“本田雅阁四门轿车”的设计陷入僵滞不前的状态。关于豪华感的表现，我也按照自己的方式钻研了一番，自以为明白了七八成。不过，想用具体的形式加以表现出来却是难上加难。最后，引来一声怒吼：“说了这么多怎么还不明白！”

说过的话都很明白。但是，在我的内心深处也尚未到完全赞同的地步。因此，相同的事情几次三番地说，我不禁暗想：就没有什么好办法让我过关吗？以后可别挨骂了。

但是，这样的办法对那些拥有强烈意志的人完全无效。用权宜之计糊弄、耍小聪明，马上就会露馅。设计越来越与自己的想法背道而驰。团队的同事也说：“这种耀眼的车，我们可不买。”难道就不能想办法用自己的能力，同时满足本田先生和团队的要求吗？我日思夜想。不过，归根到底我没有那种魔法般的能力，每次挨骂，都感到特别沮丧。

一天，所长助理（辅助研究所所长的技术人员）来了，问道：“怎样了？”我正在纠结，便借着这股劲儿冷冷地答道：

“看着地狱呢。”他和颜悦色地说道：“那可真受不了呀。 不过，我可是每天都在地狱中看哟。”当时，我一下子就醒悟过来。 我为我的趾高气扬感到惭愧，我愿意一个人受苦受累。在“地狱中”看，比从地狱外看更恐怖呀，此时，我来了个一百八十度大转弯——不如下决心进去看看。

怎样进去呢？ 孩提时听说过“害怕就闭眼”。 我决心到最恐怖的地方去一趟，闭上眼睛，飞进本田先生的内心世界。 如果能站在本田先生的角度来看问题，那么肯定就会想本田先生所想。

做本田先生想做之事，就断然没有挨骂的道理。 这样一想，一下子就轻松了。 不过，我无意中注意到，达到猜透本田先生真实想法的境界并非易事。 于是，便把记事本放在枕边，随时记录点滴灵感，这种日子延续了很长一段时间。

后来，见到一句格言：“爱一行，干一行。”不论是做自己喜欢的事，还是按别人所说的做事，只要坚持到底，都会有所收获。 年轻的时候，虽然没有能力，但只要能坚持做别人所说之事，不知不觉就会喜欢上它，从而成为自己想做的事。 但是，这里所说的“别人”，必须是师长或父母等值得尊敬而又让人“害怕”的人。

从顶点俯视

“雅阁的座椅真累人，大家有同感吗？”一进外观设计室，本田先生就厉声问道。“雅阁的座椅和其他车型并没有什么不一样啊。”话音未落，本田先生就瞪眼说道：“那问题就更严重了。”

原来，周末他自己驾车去蓼科附近写生，听说连续驾驶了 3 个小时。那时，中央高速还未全部开通，途中，感觉到坐得很别扭，改变坐姿也无济于事。

一开始以为是座椅位置的问题，便前后移动座椅位置、改变靠背角度，也全然没有改善，还是感到别扭。到达蓼科时已疲惫不堪，画画的心思一点儿都没有了。“我想，要不就扔下车回去吧！”他越说声音越大，似乎不是一般的生气。我立刻与负责座椅的人员一起检查，看看本田先生的车是不是有什么特殊问题。

坐上去试了试，那座椅真舒服，令我们这些开思域的人羡慕不已。但这样无法发现与量产车的差异。因此，既不能说没有问题，也不能说有问题。我们并没有掌握那么多座椅相关知识。

本田先生是乘坐过世界上各种豪车的人。我与负责座椅的人员一起搞了一个方案，我们自己也走一回本田先生走过的路。行驶试验的同事也加入其中，奔驰和日系豪华车一起向蓼科进发。

坐上去的第一印象是雅阁等日系车下沉感柔软舒适，奔驰则相反，坐上去比较硬，感到有些别扭。然而，行车 2 小时越过笹子岭的时候，乘坐日系豪华车的人相继出现疲劳现象，总想变换一下姿势。

当时年近七旬的本田先生是在哪一带出现类似的疲劳感呢？坐在奔驰上完全不觉得累，而且原来让人感觉很硬的座椅反倒感觉舒服。因此，回来时谁都不再提坐日系豪华车了。

大家一商量，决定向本田先生老老实实地汇报感受情况。盘算好了要挨骂，可他却只说一句“是吗，这下明白了？”就完事了。亲身感受全世界最出色东西，虽说令人感到惭愧，但却可以把它当成范本，有朝一日一定要超越它，我在心里暗暗发誓。

马上开始拼命学习，向公认的座椅权威德国教授和美国长大的正骨专家请教。日本人没有椅子文化，西方人却从小就使用椅子成长。日本人向西方人学习，从基础开始积累是至关重要的，然而，目标和评价应从顶点俯视，这就是我学到的真理。

乡下人

“这种事是乡下人做的。”本田先生非常严厉地说道。那时，正在着手开发第一代“本田 CR-V”。内部保持四门轿车的样子，外型乍一看又有几分跑车风格，明摆着是临阵磨枪想打造一款山寨跑车。我在东京住了二十年，也算得上是个城里人，被人家说是乡下人，有些尴尬。

所谓乡下人，是指庸俗、土气的人，曾有一时称为“土包子”。相反，高尚、脱俗的人被称为城里人。但是，在城市中，有很多乡下人那样的人，而在乡下，也有很多城里人那样的人。

城里，人头攒动信息量大，彼此之间每天打头碰脸，用信息这个洗涤剂荡涤庸思俗想。因此，大多数情况下，如果人在城里，即使不去管他，他照样能得到净化，这类似于早年间乡下用大桶“洗土豆”。庸思俗想一除，身心便纯洁，这称为“高尚”。“庸俗”的反义词是“高雅”、“脱俗”，与高尚的意思相同。身心变美就会顾全他人，进而“察言观色”，以免给别人添麻烦。顾全他人，就会洞悉别人的感受，不久便让人心情舒畅。

所谓“除垢”，就是清除堵塞毛孔的污垢，使肌肤洁净，引申义为“脱俗”。对世间的活动和时代的潮流感觉敏锐，日语中“用肌肤感觉”，指的大概就是这个意思。培养一颗能为万事万物感动的心，当一名城里人。自古以来，日本“茶道”和“小笠原流派礼法”等的教义也是相同的。如果设计师想设计出美的作品，那么设计师首先要让自己美。

城里，也称为“巷”。指除了“自己”之外还有很多人。一到城里，便会遇见各种各样的陌生面孔。当然，必须处处顾全他人。另一方面，周围的人有丰富的信息，那些信息就算默不作声也会传递过来。因此，有“去趟城里，忐忑不安”之说。

“巷”字加“三点水”就是“港”字。陌生人从大海对面而来，新的信息就是一种刺激，使人们眼中的世界进一步扩大。如果想更快地得到更多的信息，就在港字前面添上一个“空”字，那就是“空港”（机场）。

这样考虑信息，把它当成提高自己的精华素是再好不过的了。“忐忑不安”的地方人头攒动。只有“热气蒸腾蓬勃向上”的地方，才能生出创新的活力。

苹果从哪里开始变红

开始着手第二代“本田思域”设计的时候，我到北美转了一圈，对当地市场进行调研。在最初的访问目的地多伦多拜访经销商的时候，本田美国主管来信儿要我们赶紧去底特律，说是希望给正在访美的本田先生做个伴儿。

我们到机场去迎接本田先生，请他坐上豪华加长房车，一起去市里最高级的酒店，那是一座时髦的圆形建筑物。一进大门，本田先生就生起气来。“这家酒店的设计者完全不了解生理和心理。圆的不好，人是沿直线走路的，不是方的可不行。”一直念叨着走到房门口。

晚上，身处纽约和波士顿的同事也赶来了，本田先生邀请大家去高级餐馆共进晚餐。返回酒店，我们被叫到本田先生的房间。他心情很好，一屁股坐在地毯上，展开写生簿，说：“喂，大家过来一下。”翻译好像领会了什么，说：

“我们什么也不懂，他是设计师。”说完赶紧跑到沙发那边，跟生产主管对饮，让我一个人陪本田先生说话。

“艺术家是以心境作画的，根本就不会准确地捕捉现象。你知道苹果从哪里开始变红的吗？ 知道树叶是从哪里开始变成红叶的吗？”

迄今为止，我画画从来也没考虑过这种事。

“那么，我告诉你，苹果从朝阳的一面开始变红。 因此，就算有些因日照不足而造成的青色，头上也是红的。”“树叶从尖儿开始变红。 日照减少，寒气袭来，叶绿素被分解，渐渐地绿色就……”简直就像科学家在观察。

话还没完。“日本画疏忽的地方比较多。 西方画（油画）在构图上有紧张感，这一点挺好。”我想起来了，以前在学校里学过，日本画和油画的区别，在于是不是需要画框。 二者对于空间的构思大相径庭，日本画把周围的空间都给占了，相反，油画是塞到留有空间的画框中。

在这个意义上，我觉得本田先生在绘画方面拥有西方式的感觉。 尽管如此，他自己还是欣赏日本画。 日式和西式风格融为一体，显然是一种国际的风范。 夜更深了，如梦一般。

设计师是魔术师

本田先生瞪着可怕的眼睛，说道：“不要做半斤等于八两的事儿，要不然那还算是设计师吗？”当时，正开始策划第三代“本田思域”。虽然我常想何谓设计？但认真思考这个问题，却是从此时才开始的，真是惭愧。

早在二战前，日本就有了设计的概念。但是，像现在这样与工业生产密切相关且被普及，还是二战后的事情，它是美国的舶来品。

此后，设计对于日本制造业“质的飞跃”起到的巨大作用，是无庸置疑的了。最近，大家都使用设计这个词儿。可以说，设计的好与坏、对设计的好与恶是购“物”时的一把“尺子”。

在词典中，“设计”有“企划”、“计划”、“设计”等意思。把它们拆开，单看其中一个字组成的词——“企图”、“诡计”、“设圈套”，都不是什么好词儿。因此，设计到底是什么意思，这要看怎么理解，有人认为打坏主意就是设计。

设计一般应该包括“阳光、时尚、造型优美”的印象，可是顺着这个思路再往下看，就是“阴谋、欺骗”了。如果那样的话，所谓的设计师是否就是“阴谋家”呢？是否可以称为“骗人的坏蛋”呢？

那么，设计师是怎样“谋略”的呢？例如，假设加工200日元的材料，制作成某种产品，并以1000日元销售。那意思就是把200日元的东西卖到1000日元，所以被认为是“欺骗”也没有办法。

话又说回来了，如果能让买的人满意，不但不会被当成欺骗，反而会受到感谢。200 日元和 1000 日元的差额就是“附加值”。设计师不是做“半斤等于八两”之事，而是创造“附加值”的人。这样考虑，心里会觉得好受一些，设计师是为全社会、为全人类做大善事的人嘛。

然而，欺骗别人必须有相应的思想准备和能耐。令人惊讶的是，魔术师从始至终都一直欺骗观众，让观众惊喜，尽管如此，他们的秘诀却永远不会被观众识破。甚至，观众在回家的路上还想再看一次，真是了不起。

设计师也必须像魔术师一样，磨练出“骗人的本事”，这与世阿弥的“守住秘密等于守住价值”殊途同归。第三代思域系列就是考虑到这些东西开发出来的，车里到处都是绞尽脑汁构思出来的“魔术”。

不安全、无设计

一名幼儿因头部被某品牌汽车的门玻璃夹住而致死。汽车开发相关人员大体上可以推断出来，迅速普及的电动玻璃车窗是罪魁祸首。据称，家长把幼儿留在玻璃窗半开的车中，离开车一会儿就发生了如此悲剧。

家长的责任暂且不提，作为车、作为技术有什么问题呢？看一看出现问题的车，正如所料，在肘靠（扶手，arm rest）上面装有波动开关。“开”和“关”都是通过往下按来操纵。幼儿手搭在打开了一半的玻璃上，小脚丫从座椅上抬起踩到肘靠上，偏偏不巧就踏到了“关”的位置。

尽管如此，玻璃上升过程中，如果夹到什么东西就应该马上停止，这是设计常识。是不是互视了设置关键部件转矩传感器（负荷检测装置）呢？连忙查看我们自己的车。幸好开关属于杠杆型，它垂直安装在车门内侧，停止玻璃上下运动的转矩传感器也设置合理，即使很微弱的力都能检测出来。刚宽慰地松一口气，本田先生来了。

“看新闻了吗？我们公司的车怎样？”“我觉得没问题。”“光觉得没问题怎么行？”“知道了，我好好检查。”“那就给我查。”这样交谈后，本田先生说道：“车的事儿，人命关天。你们干活儿时给我想着，你们的工作关乎人命。安全第一，设计第二。”

“不安全、无生产”，本田先生亲笔书写的彩色条幅在公司里格外醒目。以前，设计时总是优先考虑新奇、造型好看，一直都是凭自己的想象，武断地认为这个应该对用户有好处。自己平常的所作所为如今想起来真是可怕。

反复进行“超越常规的试验”，那种谨慎的态度，一般人都无法想象。试验没有问题了，又在开关杆两侧加上稍高一点儿的凸起，使得幼儿无法那么轻易地就可以操作。传感器的转矩量，也重新慎重地进行设置。以前考虑到手掌和胳膊舒适而垫的夹杂物，改为质地更柔软的材料。

其结果，所有车型都同时进行量产设计变更（批量生产中途变更规格）。虽然给生产和销售带来一定影响，但在整个公司提高了安全意识。现在回想起来，那真是令人不寒而栗的决策。用脑子记住的东西很快就会消失，铭记于心的东西永世难忘。“要以心设计”，这是不变的真理。

钢铁假面

“本田里程”模型首次小改型的设计工作进入最后阶段，它以提升豪华感为课题，旨在让更多用户喜欢。不过，特别是鬼面罩的设计，虽然费了九牛二虎之力，但很遗憾，本田先生并不满意。“没有作为门面的威严。”他提出了反对意见。其后，经多次改进才终获首肯。

然而，在年轻的设计师和营业员眼里，这种豪华程度无论怎么看好象都有些过头儿。因为据说它简直象就鬼面罩的变形版一样，有人称它作“钢铁假面”。

这一次，前部周围的设计不同于第一代独立的鬼面罩，完全是以新的创意展开，连前照灯也一起用电镀饰条围起来，看上去铺满了整个车宽。鬼面罩采用压铸制作，这家伙大得与发动机罩宽度相当，让压铸模具制造厂都感到吃惊。

外观设计室的评价也相当直率。据称，年轻设计师感觉多用耀眼的电镀的确过分，看上去令人汗颜。称为“钢铁假面”，与其说是爱称倒不如说是揶揄。

“看上去大就显得漂亮”，“闪闪发亮就豪华”等想法，我和年轻设计师都觉得既难看也没有品位。不过，受外型大和闪亮的东西吸引是人的本能，自古以来便是如此。只有经过这样的一个阶段，才能达到“桂离宫（日本17世纪的庭园建筑群，位于京都，风格简朴而接近自然，是日本各种建筑和庭园巧妙结合的典型代表。——编者注）”那种朴素的美，不是吗？

闪闪放光的电镀饰条，不应该否定为过分、“难看”，正所谓仁者见仁智者见智。设计师对自己的审美能力有自信，并努力设计自认为优秀的作品，这是理所当然的事情。

光凭自己的感觉（想法），无法适应众多不同偏好的用户。喜欢“桂离宫”的质朴也好，着迷“阳明门（日本的东照宫是德川家族的灵庙之一，也是日本最富丽堂皇的建筑。其中的阳明门雕梁画栋金碧辉煌，令人瞩目。——编者注）”的奢华也罢，都是重要的用户。只要是专业设计师，都希望设计出双方皆感动的产品。

很遗憾，美国市场对这种设计不感兴趣，“钢铁假面”并未在美国采用，它成了日本市场的专用模型。攀登到豪华的顶峰，任重而道远。不过，已面世的“钢铁假面”，远比皇冠和公爵“别致”。

意大利皮鞋

在这里，我要讲一个藤泽武夫先生的故事，他是本田的创始人之一。

“给我派个懂里程座椅的人来。”藤泽（时任本田最高顾问）先生打来电话。“你去吧。”久米先生（时任本田专务）对我说。藤泽先生居住在六本木的中心区域，人称“六本木大叔”。他病倒后努力进行康复训练，那时已恢复到一个人能走路的程度了。

“是你呀。”藤泽先生扯着大嗓门迎了出来，语声甚是哄亮。“腰以上全好喽。对了，里程可是好车啊。现在要是没那辆车，我哪儿都去不了。”他接着说道，“还有一件东西不能离身的，就是这个。”说完拿出一双皮鞋让我看。

“意大利造的哟。这双鞋太好了，你拿走吧。割开也好、拆开也罢随你便，你给我研究一下这皮鞋为什么好。”然后，又聊了一会儿日本皮鞋。

藤泽先生说：“日本皮鞋采用美式风格制作，它结实耐穿，又厚又硬，有一种让人削足适履的感觉，做工粗犷，沾湿、沾泥都不怕。在这一点上，虽说公认意大利皮鞋不经穿，但穿在脚上舒服、潇洒。现如今，既非开荒年代，亦非战后废墟，做出来的东西用着不舒服可不行。”

我还以为他在说皮鞋，原来不知不觉转到了座椅的话题上。“人可贪心啦，好了还想更好。”说这话时表情严肃，最终结论就是把座椅归为“日本皮鞋”。座椅制造厂商的技术人员也很快加入进来开始研讨。为了看看里面究竟有什么东西，我们把一只鞋一分为二，真是可惜了那么好的鞋子。仔细一看，那鞋底实际上有好几层，每层硬度都不同，先前还以为是一张皮子做出来的。

而且，各部位的层数不同，硬度也不一样，与外观大相径庭，非常复杂。令人感到吃惊的是，表面部分的皮子薄得像布，叠上了两层像缝袋一样，因此皮鞋内外感觉完全一致。

穿上一试，觉得就像脚的一部分，很舒服。完成体压分布和耐久性试验等开发汽车必做的整套试验后，我又一次到藤泽先生府上拜访。他一边端详自己那已拆成两半儿的皮鞋，一边说："做得好呀。"接着又说："老人是不是还有点儿用的？"他满脸高兴的样子。这为我在以后开发产品时的"心态"方面上了一课。

点、线、面、形……

"不知那车叫什么名字，后支柱上装了圆窗，或许够显眼儿，不过马上就会滞销。"本田先生说道。我立刻想到是哪个厂家的哪款车。的确，那款车把"圆窗"当作"卖点"搞"销售"。

在纸上画"产品造型"，首先要定"点"，点延伸成"线"，线间填满成"面"。点代表"位置"，线代表"流动"，面代表"扩大"。将这些要素组合起来幻化出"造型"，最终成为"存在"。这就是画"产品造型"的步骤，那么“认识”的步骤是怎样的呢?

事实上，从点到造型画“产品”，其步骤与认识的步骤极其相似。例如，“这一点惹人注目”，“这条线让人喜欢”，“这个面看着很舒服”，“这种造型看起来很棒”等层层递进。不论是哪一个步骤，对象都随时间从“部分”到“整体”、从“单纯”到“复杂”、从“具体”到“抽象”变化。

以汽车为例，首先映入眼帘的是，闪闪发亮的部位或者新奇的地方。其次是“外形（轮廓线）”，以及在有特色的部位被称作“某某线”的地方。接下来，注意力慢慢转移到构成造型的“面”上，最后看到整体的“造型”。

不过，无论“面”如何优美，也比不上点、线、面有机结合幻化出来的“造型”。根据我的经验，新车效应的持续时间，“造型”好的是二年。然而，有的车别说四、五年模型循环，就算经过多年，也依然能继续它的辉煌。

我一直称能够传达造车人心情的“造型”为“姿态”。例如，所谓“姿态优美的车”，是指制造它的人将自己的情绪、心灵、热情融入到设计中，宛若“给佛像开光”一般，也就是说，不光有“作为物体的造型”，而且还有“生动的”表情。这种车一定永远畅销不衰。

再谈“不要模仿”

制作第一代“本田里程”泥塑模型时，本田先生看过前部周围的设计，立刻严肃地说道："不要模仿。"脸，对于人来说自不待言，对于车来说也至关重要。里程是本田旗舰车型，特别期待独创性和最先进的技术，理所当然不允许模仿竞争对手。本田是这么想的，也是这么做的。

这十多年，从"N360"到"思域"乃至"雅阁"，一款一款不断面世，它们都以"先进性"和"跑车型"备受青睐。但是，至于内在（实质）如何就没有自信了。我开始感觉到，如果要当一名像样的设计师，今后决不能沿着以前的老路走。"不要模仿"，就像一把尖刀直击我的内心深处。

"学习"的"学"字，就是源自"模仿"。一个人小的时候模仿父母，成长过程中模仿长辈和老师，最后长大成人。"写生"要一模一样地描绘大自然，"临摹"是准确地再现先辈的作品，这些始终都是模仿。在不断重复的过程中，就会问"为什么？""怎么做？"从而接近对象的本质，不知不觉地就能"仿真"。

"学习"的"习"字，源自"驯熟"。在屡次三番做同一件事的过程中逐渐纯熟，如果闭着眼都能做的话，自然而然地就变成自己的东西，这在日语中叫做"带在身上"或"带到舞台上"，意即"学到手"或者"纯熟"。所谓"带在身上"，本意是指反复训练直至能熟练地穿和服，使和服与身体融为一体。所谓"带到舞台上"，是指能（日本传统艺术表演形式。——编者注）和歌舞伎中，如果反复练习的话，舞台就成为自己的东西。

“模仿”优秀的范本，一直“驯熟”到通过亲身体验掌握的程度，这就叫做“学习”，不下工夫可不行。首先，找到好的范本，并依据该范本反复学习，以将基础学到手。然后，才能打造出一个人自己的个性。

有人问，模仿不是光跟着前人跑吗？延续下来的传统，足以证明有模仿。模仿中彰显出自我，便是“真正的个性”。世阿弥说过：“模仿至极，独创自来。”

“里程”在美国搞了新的销售通道“讴歌（ACURA）”，诞生了独特的“尼雅豪华车世界”。虽然豪华感还相差甚远，但没让人说成是“某某的翻版”。自从本田先生让我“不要模仿”起，我就认清“模仿”的真面目。其后，便向外观设计室里的年轻同事发出了号召，号召他们如果可能的话就“模仿一下吧”。

意境

本田先生来到外观设计室，他开口问道：“那车怎样？”从情况来看，察觉到是指 N 公司推出的跑车，它与“本田 CR-V”势均力敌。我也曾担心过，可是不愿意那么想，而且这个念头占了上风。

因此，不知不觉地溜出一句：“我觉得，没有什么亮点，不用担心。”本田先生瞪我一眼，说：“我可不那样认为。虽说不大了解，但那车很有意境。”

果然，几个月后，那款车就吸引了众多年轻人的眼球儿，一眨眼功夫就超过了“本田 CR-V”。以后，我迷上了“意境”这个词。所谓“意境”，眼睛看不到，只能感觉到。

以前曾读过一本书，书中说有意境的产品打造时尚，有时尚的产品打造风格，有风格的产品打造模式。确实，某种产品（意境）流行（时尚），大家纷纷效仿，风靡一时（风格），其扎根（模式）后，下一个新的产品必定面世。

看演艺圈的新秀，也能大体了解到是否有潜在市场。那是感觉到了“什么”，它绝非身姿、外形。总之，那是一种“气场”或者“灵气”吧。如果研究研究怎样产生它们的话，或许从畅销产品中能够得到启示。

老话说得好：“身心一体。”“身”有形看得到，而“心”无形看不到。要想身和心成为一体，首先要设计看不到的“心”。如果把它扩展到汽车上，那就是“身（车身）”和“心（引擎）”。我曾经说过一句话：“制造有心的汽车。”听一位“气”道场老师讲，就人体总能量而言，六成归大脑支配，剩下的四成由其他部位支配。人类认为“不妙”的瞬间，从颈部往下的四成能量一齐涌向“头部”。全部能量都集中到头部的状态，称为“鬼压身”，即常说的“身体”动弹不得，“感官”完全不起作用。

我明白了无法感觉出意境是否就是这样的。由“感官”感觉到的信息传递给“心”，并产生“想法”，转瞬间身体便执行。这样的次数越多，越能感觉到意境，灵气也就越强。

长崎的出岛

一天，本田先生严厉地问大家："这一带经过的车都是白色的，而东京中心的车全是黑色的。你们注意过这一点吗？"外观设计室位于崎玉县和光市，所谓"这一带"，是指沿川越大道往上一公里的地方，那里连东京人都羡慕。我考虑良久才琢磨出来，原来是这样呀，白车是大众车或者商务车，黑车是豪华车或者包租汽车。

迄今为止，从微型车发展到雅阁，都是顺利地按节拍一款一款推出来的。不过，要是更高级别的话，那就得说第一代"本田里程"在美国成功，可在日本不看好。本田拿手的"驾驶性能"和"燃油经济性"、"跑车风格"，似乎很难打动日本这个级别客户的心。一问销售人员，他们就用老一套的话应付，耳朵都快听出茧子来了，诸如外观"没有威严"啦，内饰"豪华感不足"啦等等。费半天劲，可满心的期待却落了空。我住在涩谷的一个公寓，自打入职以来，每天从家到研究所所在的和光市上班。不过，一次也没有像本田先生这样观察过。

当时，各公司全都有设置"东京外观设计室"的计划，T公司位于后乐园那庞大的建筑特别令人振奋。此外，N公司位于银座的总公司大厦，也令我们羡慕不已。以前摩托车制造厂商群雄割据的时代，本田先生迅速进入东京，从那里走向全世界，终于坐上“世界第一”的宝座。然后，相同的情形又在汽车行业重现。

商量后拿出了一套方案，就在刚刚建立的青山总公司内设立外观设计室。我立刻向本田先生汇报。“开车去一趟银座，在那里待上一天再回来。”他笑着对我说。

说干就干，马上安排黑色轿车。我学着本田先生的样子紧盯着外面。正如所言，从和光市去银座的途中，看到汽车颜色逐渐由白转黑。人数、服装、步态、酒店的华丽、商务区的活力、停车场里汽车的种类，所有的一切都与“黑色的车很配”。这一天，一想到“银座经常去，却从来没注意过”就感觉要出一身冷汗，这是对“敏感度”的考验，而“敏感度”对于设计师来说是最重要的。不管怎么样，必须先在银座公认的超一流酒店里租一间房开展工作。

两个月后，我们在临近银座的写字楼租下了一间办公室，外观设计室东京分室从此诞生。我把它比作“长崎的出岛（日本江户时代幕府执行的锁国政策下所建的人工岛，之后被填平，成为长崎市的一部分。——编者注）”。因为我认为，在日本闭关自守时期，明治维新的活力是在长崎这片土地上酝酿出来的。

跑车和豪华车

隔了好久，本田先生来视察外观设计室。“看着养眼，多亏了它让我快乐。 它就是健康的源泉哟。”本田先生看上去完全不像已是年逾八旬的老人，他的兴趣始终就没离开豪华车“里程”。

本想让本田先生表扬一下“做得越来越好了！”可他根本就不予理睬，而是说道：“要是我的话就不买。”那段时间，里程换型与跑车设计工作，正好齐头并进地同时展开。

本田先生始终笑容满面地慰问年轻同事，边望着模型边说：“看到它我就又来了精气神儿，太感谢啦。”说完，又心血来潮开口道：“我已经退下来了，不在其位不谋其政呀，不过嘛……”他顿了一下继续说道：“跑车如果贵了，一辆也卖不出去，它会让公司倒闭。 多卖些豪华轿车才是最好的选择，所以要优先考虑怎么才能把里程弄好。”

此后，正宗跑车的开发工作完成之时，请本田先生在枥木的试验道路上试乘。“我呀，因为年龄的关系，驾驶证让老婆给没收啦，在外面（普通道路）可不能开车。”本田先生一边笑着，一边坐到驾驶员座位上，那车的车顶比较低，座位连年轻人也难以坐进去。

他抚摩着方向盘一时感慨万千，随着旁边年轻试车员一声“请”，本田先生踩下了加速踏板。 本田先生驾驶的跑车，眼看着越来越小，只留下发动机的轰鸣。 二十五年前，我看到本田先生坐在红色“S500”里摆手的照片，于是决心加入公司，此时此刻，往日的回忆涌上心头，远去的车已模糊不清。

一年后，这款跑车被命名为本田“NSX”推向市场。开始发售时，恰逢泡沫经济时期（不，崩溃已初露端倪），订单雪片似的飞来，接近1000万日元的车，月销售超过1000辆。日产25辆车的手工生产线也是满负荷工作。最后，终于下决心增产。难道本田先生的担心也错了吗？这感觉一闪而过。

但是，仔细观察发现，很多人属于投机性购买，正当觉得必须注意的时候，泡沫经济崩溃了。为了应对订单锐减，在生产上采取措施忙得不可开交。我作为四轮企划室的室长大为头疼。

还是本田先生有先见之明呀。“优先把里程弄好”的话语，依然在耳边回荡。

在正业①之路上好好干

一九九一年夏天，我被任命为本田技研的董事，与新任董事的三个同事一起，到本田先生（时任本田最高顾问）在八重洲的事务所拜访，以表就任敬意。

那时，日本的泡沫经济恰好行将崩溃。政治、经济一团糟，世界开始不信任日本。我们刚刚就座，本田先生就和颜悦色地说：“祝贺你们，今后好好干呀。”而且还说：“我是个

① 正业：佛教八正道之一。指如法（正确）的行为，即不杀生、不邪淫、不偷盗，不做一切恶行。（译者注）

幸福的人哟。”说完这句话，又接着和我们聊天。

本田先生本来要和夫人一起去看 F1 大赛顺便到欧洲旅行，但为了见我们几个以及参加静冈大学的聚会，只好把夫人留在欧洲，只身赶了回来。 据他说，旅行期间无论走到哪里，日本发生的种种事件都成了话题，因而感到羞耻。 不过，令人高兴的是，谁都夸本田声誉好，他自己也感到脸上甚为光彩。

“所有的一切都是你们努力的结果。 虽然我没下过什么禁令，可大家也都没有做出任何出格的事情。 别人都做着赌博一样赚大钱的生意，大家依然在‘正业’之路上踏踏实实地做事。 没有什么事情能比这更让我感到欣慰的了。”说到这里，本田先生竟然眼眶都湿润起来。 相当长的时间，总是在各种场合下挨骂，本田先生如此感性的一面我还是第一次见到。

于是，“正业”中的“正”留在心间。 以后学过才知道，释迦牟尼佛就“正”字说法时，讲过持三戒，即“远离妄见”、“远离颠倒”、“远离极端”。 用现在流行的话说，就是“不迷惑，不混淆，行中道”。 这样看来，出类拔萃看似理所当然，其实也不尽然。

离开事务所时，本田先生一一握着我们的手说：“给我好好干哟。”所谓“好好干”，就是坚持到底的意思。 这词儿现在已经不怎么流行了，不过，经本田先生的口说出来的这么个词语，超越了时间，带有了奇妙的魔力，也赐予了我巨大的力量。

过了几天，本田先生病倒，从此再也没能从病床上起来，一个多月后竟与世长辞。我们成了接受本田先生祝福的最后一批董事。之所以能够摆脱泡沫经济崩溃后的窘况，也是因为本田先生所赐的一句话："今后，还要在正业之路上好好干哟。"这句话让我觉得弥足珍贵。

暴脾气老头儿

如今，创立五十周年纪念活动——"创 50"已顺利结束。本田先生也已经逝世七年了。骂我的人没了，开始轮到自己骂别人，这才深切地感受到骂人也并非易事。从很早以前就听说过"地震、雷鸣、火灾、老头儿"。特别是位于最后的"老头儿"，一听到这个词，就不知不觉地想起本田先生。

公司职员都称呼本田先生为"老头儿"。不过，对于我们年轻员工来说，他可不仅仅是"老头儿"。让"暴脾气老头儿"，这个带着巨大声音下凡的"雷神"骂一声，着实让人心惊肉跳。

确实，所谓"技术之鬼"就是指这样的人吧，他的严厉批评甚至会让你从梦中惊醒。然而，这位"暴脾气老头儿"，作为技术人员是非常谦虚的人，技术定位在"为全社会、为全人类"，特别讨厌为了炫耀高水准而盲目进行技术研发。

跟老丁在一起

聊正本清源的精益

老丁是谁?

- 老丁是日本中产连北京代表处的首席代表
- 他是“十三五”国家重点出版项目图书《日本制造业经营管理对标》的作者
- 20年以来，他率领跨国专家团队，主持了中车、中兴、福田等百家企业的精益辅导

本田先生是真骂，也常常未动口先动手。但是，听说骂过以后，本田先生一定会搔搔头说：“其实没有必要说得那么严重，我也是个傻瓜。”因为他觉得，并不是犯错的当事人想要那样做才失败，自己仓促行事也有责任。

关于失败，本田先生将其比作“智者千虑，必有一失”，“智者”不能有“失”，就好像擅长爬树的猴子，不能因粗心而从树上掉下来一样，因为掉下来是由于骄傲和疏忽大意引起的。不过，如果猴子为了获得新的爬树技术，进行某种“尝试”后掉下来，那么作为珍贵的经验是值得奖励的，这是我悟出来的一个道理。

总之，以进步、以提高为目的尝试，如果失败了也应该宽容。那样的失败，会给予我们教科书中没有的经验教训，把那些经验教训积累起来，能力定会增强。特别是年轻时候的失败，就是一颗种子，必定可以在将来有所收获。如果由于尝试而从树上掉下来的话，只要追查其原因，从中得到某种启发，以找到新的解决办法，为下一次尝试燃烧起热情，就算没白掉下来。

这可以称作年轻的活力。本田先生尊重克服困难的年轻冲劲儿，尊重不拘泥于条条框框产生新价值的智慧。挨骂后下次见面时，本田先生会微笑着说：“噢，很抱歉。”他这种宽容的心，全都凝聚在道歉的话语里，全都凝聚在微笑中。这一句道歉的话语所表现的思想，对挨骂者的影响也很大，那里有超越两代人的心与心的沟通。

第 2 章
“思域”开发轶事

精炼

一九六九年秋天，开发新车型时，组建先期研讨团队，我当选为成员之一。 这是本田总经理把一直兼任的研究所总经理位置让给年轻一代后开发的第一款产品。

研讨团队分为两组，每组数人，分别称为“青年组”和“老年组”，并很快分到两个房间“隔离”起来开始讨论。所谓隔离，是指关在一个地方，闭门不出深入思考。 老年组标榜本田的理想状态，而包括我在内的青年组，则是踏踏实实、规规矩矩地反复研讨方案。 其后，拿出两套构想，分别取其精华，提炼成一个最佳方案。 那是我首次体验“精炼”工作的难度。

确定最佳方案后，组编开发团队，并聚齐所有成员去箱根试乘。为此，准备了意大利的“奥托比安西”、“菲亚特128”，再加上日本的“CHERRY”等车用以比较。

箱根的大山之中道路曲折蜿蜒，是绝好的弯道，也是乘车尽情兜风的最佳环境。在此过程中，奥托比安西备受青睐，大家异口同声说：“这辆车给人感觉不错！”我开着奥托比安西时，坐在旁边的LPL（开发主管）说：“你呀，好好感受一下这辆车的驾驶性能，加以想象，然后设计出外在的造型来就行啦。”绝妙的启发。

另外，开展设计工作的依据是“本田生活”，它是微型轿车“N360”的后续车型。不过，当时本田除了“生活”之外，并没有考虑后继车型的技术储备，无论做什么，都想想针对“生活”如何如何。

例如，有人说：“无论如何都讨厌微型轿车。”若问：“为什么？”得到的回答几乎都是：“因为不放心、不舒服、不安全。”因此，希望解决微型轿车中“不放心、不舒服、不安全”的问题，这是费了九牛二虎之力才找到的思路。

“H1300”和“生活”都有过痛苦的经历，由于野心太大，打乱了原来的均衡状态。接受这种教训，全力以赴考虑“没用的全部舍掉”、“适度为好”。这样的观点，得出了一个认识，即“实用小巧”，它是“思域”的基本概念，团队根据此方针深入讨论“微型车制造”。

灵感

为了确定新车型的车宽，首先开始讨论汽车内部宽度。于是，就产生很多疑问，例如，车门多厚才放心呢？ 坐进车里看不到车门厚度，可为什么还感觉不放心呢？ 等等。 人能记忆打开车门坐进车里时看到的车门厚度，然后坐到座椅上。 接着，将所记忆的车门厚度与肩膀到车门内侧的距离相加，并下意识地判断“是否不放心”，这是经过多种调查后才弄明白的。

因此，拿“本田生活”做试验，打开车门看看，如果感觉到“薄”，就在车门外侧粘上泡沫塑料，直至感觉到有这么厚就可放心为止，关上车门试试，确认是否放心。 就这样，经多人反复如此确认，才最终确定了车门厚度。

此外，旁边坐人时，离开多远不厌烦，这有一个最低尺寸，为了寻找该极限值，让两个人并排坐上去试，一点儿一点儿地移动座椅调整远近位置。 利用这种方法，最后确定车宽尺寸必须至少比“生活”宽 150 毫米。

确定全长尺寸的情形与此相仿，前面有多长、后面有多长就不担心，这也有一个放心尺寸，为了寻找该极限值，在“生活”车身的前后粘贴泡沫塑料。 最后决定前后合起来比“生活”长 400 毫米。

现在想来，这方法或许太原始了，但是，有一种从零开始亲手制造汽车的成就感。 于是，外观和内部的基本尺寸就以“生活”为基准点。根据相同的思路，研讨硬性（功能）要求，例如，加速感和制动的有效方法等，说白了，就是“交叉路口不紧张的起步加速”，“混行道路上放心的制动性能”。在创立概念的阶段这样耗费时间，平生还是第一次遇到。以前做梦也想不到的情景，就在我眼前一幕一幕地展现，设计师与发动机和车身设计室、试验室的同事一起连续奋战，忘我地讨论这款车的理想状态，制作模型时相互确认……

每一天都欢欣雀跃，汽车的设计形象朦朦胧胧地在自己内心幻化而成，高兴得不得了，所谓的产品制造，就是这样的感受吗？为了一个创意，独自一人苦思冥想，到头来还是山穷水尽疑无路，相互之间一启发，谁曾想竟然来了“灵感”，正是柳暗花明又一村呀。最基本的做法不能丢。

异质并行

“两个没什么差别呀。”研究所所长比较两个模型，似乎不大满意。第一代“本田思域”，基于在研讨阶段精炼的概念，搞出两个模型开展设计工作，这就是“异质并行”开发方案，它是从此时开始实施的措施之一。

两个方案全长差 100 毫米，长的称为“方案 1”，短的称为“方案 2”。我负责方案 2。方案 1 车顶低，造型有点儿像“福特平托”。方案 2 全长比方案 1 短，为了确保内部空间，车顶高出 20 毫米左右，从比例上怎么看都是“本田生活”一奶同胞的兄长。

从侧面斜视“平托”那样的造型，深感其长度的威力，我觉得，就按现在这样，无论如何也比不上方案 1 漂亮。自己感觉“差异”竟然那么大，不过……

遭到所长批评，我心里不是滋味，干脆换一个思路，下狠心把短的长度再去掉 100 毫米。原来希望延长全长，现在反其道而行之，以求得一条生路。

这样做不是没有根据的，因为原本就“不想往大里弄”。但是，真下决心这样搞的话，是需要勇气的。于是，毕恭毕敬地问所长：“您看，这样行吗?”所长反问道：“你终于决定这么做了？”如果没有方案 1 的话，或许无论如何也没有这么大胆量下决心吧。而且，所长经常被迫作出艰难的判断，我觉得，对于他来说，仅靠一个模型决断太难了。这样做，与起初“想往小里弄”的意图吻合，也能让团队同事接受。话又说回来了，将全长弄得更短，谁都担心：“这还像样儿吗？”

我一开始就说，按这尺寸“造出来的车不可能好看”。尽管如此，我自己还是拘泥于“平托”那种流行风格的“造型”。

自己不自信却能说服别人，天底下不可能有这等事。而且，就算能以方案 1 为参照物，“相对”地解释弄短的理由，可人家一问是否“绝对”好，回答起来也就没有自信了。自问自答之后，自己整理成能让人相信的语言，向团队同事们解释。通过缩短全长，我明白了，它从二维平面图上看，长宽比例近似正方形，像个座垫，从三维立体上看，能突出梯形感，像是要彰显什么特点似的，这种预感……此后不久，模型整合成一个。由于这样的形状被认为更易于表现制造者的理念，最终选择了方案2。

实用小巧

确定第一代“本田思域”的概念（产品的性格和特征），以及开始研讨汽车基本框架（尺寸和外形），这两项工作是同时进行的。开发团队的主要成员，全都聚在微型轿车——第一代“本田生活”的总布置图前。

以后正式开展研发工作时，负责舒适性布局的人员给大家介绍其基本构想。这次聚会，根据先前开发生活的经验，充分发挥FF（前置前驱布局）的优势，确定构筑内部空间的方法，即如何能够搞好小车的舒适性。

于是，基于该方法研讨“思域”的总布置图。首先，规定舒适性条件为如下内部空间：满足90%的美国人（身高185厘米左右）坐前座、50%的美国人（身高170厘米左右）坐后座时，能够舒适地坐下而且不感到拥挤。

考虑到搞成排气量提高2倍的汽车需要增加重量、提高性能，于是，以生活的舒适性布局为基础，先把微型轿车标配的 10 英寸轮胎提升为 12 英寸。

接下来，是确定“思域”的轴距，这分为三个步骤。第一步，把轴距（前后轴中心的距离）延长 2 英寸（约 50 毫米），暂时固定好，以使前轮后端与后轮前端的间隔，跟“生活”同样部位的间隔相等。第二步，为后座脚下留出余量，并确定该余量的最小长度。第三步，把第一步得出的长度，与第二步得出的最小长度加到一起求和，二者的和，便是“思域”的轴距。这样一来，把车身长度缩减到了不能再减的程度。说过了轴距再说轮胎，12 英寸轮胎绝对不大，尽管如此，还能让人夸“轮胎好大”，这里面蕴藏着秘密。确实，思域 12 英寸轮胎看起来很大，能让人误以为是比 12 英寸还大一圈的轮胎。

再往下，就是确定横置 FF 车的轮距（左右轮胎的距离），它大体上取决于跟横置发动机相连的变速器（mission）长度。虽然对于车的长度没有特殊规定和限制，不过，对于“车宽”却有标准车库空间条件的制约，那时，有些地方超过 1450 毫米的汽车无法开进去，多摩地区就是一个例子，所以，姑且把 1450 毫米作为车宽尺寸基数。

令人意想不到的是，该尺寸与我们研讨内部宽度及车门厚度得到的车宽尺寸竟然一致。就这样，我们确定了全长、车宽、轴距。最后，基于这样搞出来的基本框架，产生了内部空间的概念——“实用小巧”。

智慧较量

关于第一代“本田思域”的车身大小，5 平方米的占地面积是一个极限值。这对于有抱负的年轻团队成员来说，虽然多少有点反感，但是却能赋予其制造赛车那样的激情。事实上，在赛车制造方面，也有在排气量和尺寸等严格规定下的智慧较量。

研讨后，确定了基本框架，并根据该基本框架，制作了一个舒适性确认模型。这车的尺寸绝对不算大，但给乘车人的印象却是内部宽敞。能有这种“宽敞感”，是因为巧妙地设置了视点（驾驶员眼睛的位置），它已经被紧缩到极限。前风挡玻璃有些陡，A 支柱（支撑前风挡玻璃的支柱）也稍稍向前探出。

根据横置 FF 的特点，搁脚板（发动机室与车内的间隔）向前方伸出，不过，轮罩（车轮的挡泥板）还保持原样，依然凸出到车内。因此，踏板类部件无论如何也必须往车身中间靠。但是，总不能把腿伸出去老远斜着踩踏板吧，所以驾驶员座椅就稍稍往中间移了移。

这样一来，眼睛的位置远离了前风挡玻璃和 A 支柱，没成想却歪打正着，获得了良好的空间感，这让所有的人都感到吃惊。这款车面世后，有人夸赞前座左右是“不厌烦、不过远的绝妙距离”，然而，这种前座二人良好的距离感，唯有妙用了 FF 布局的“思域”才具备。

“思域”原来是作为“小车”企划的，不可能指望有与大车相提并论的好条件。慨叹无法回避的不利条件是没有用的，只能开动脑筋，想办法化“不利”为“有利”，就能找到一丝希望。在尺寸方面，假如再怎么弄也不行的话，就超越它，来个化“实”为“虚”，让人感觉是那个尺寸，前面讲过的“宽敞感”、“空间感”就是证明。

于是，各种智慧微妙地相互影响，诸如减小车门衬片（内衬）的面积，以露出钢板部分，前座座椅设置得稍稍低一些，以便让后座的人能看到前方等等。谁都感觉车内宽敞，不相信是这么小的车。

开发“思域”时，人力、材料、资金统统都没有，属于“三无”项目。因此，团队里的每个成员都“迫不得已”地出主意想办法，久而久之就从量变转化为质变，做到了人无我有，从而“开辟新的天地”。我认为，“三无”就是变出智慧的“魔杖”。

5 平方米

给第一代“本田思域”的设计方向做了一番检验，团队里团结的气氛也越来越浓了。此时，微型轿车和小型轿车之间，即将出台“5 平方米”这一新标准的传闻浮出水面。汽车造成的公害日趋严重，这个法案规定，汽车占地面积应低于 5 平方米，以期解决道路拥堵、停车等问题。虽说该法案最终未能实施，但它的宗旨与我们的理念却不谋而合，我们想要尽量减小尺寸，“因为世界名车奥斯汀迷你尺寸就是如此之小”。

当时，微型轿车的标准是 1300×3000 毫米，约 4 平方米。“思域”在此标准基础上加宽 150 毫米、加长 200~300 毫米，即 1450×（3200~3300）毫米。如果愿意把尺寸控制在这个范围内的话，就能轻轻松松地迈过小于 5 平方米的门槛儿。

然而，确定全长后，发动机和变速器的长度每天都在增加，还影响到了车宽尺寸，无奈，只好增大车宽。结果车宽超过 1450 毫米，这让我大吃一惊，什么事情都一样，刹不住车的话可不得了。

于是，商定“想方设法控制在 1500 毫米以内”，可在最后关头，“无意中”又超过了 5 毫米，虽说这不是什么大不了的事儿，但大家脸儿也都吓白了。5 毫米尺寸真的没什么嘛。

结果，当然加大了轮距，还适当地提高了轮胎宽度。受此影响，还需要增大车宽尺寸。这全靠牺牲全长，总目标是小于“5 平方米”，宽度增加 5 毫米，全长就必须缩短 10 毫米。

把 HI-DELUXE（基本型）的保险杠压扁一些正是这个缘故。就在大家热火朝天忙乎这些事儿的时候，碰巧本田先生来了。“轮距增加太多会掉沟里呀。”说罢，他笑起来。实际上，还真有人掉下去过。

于是，车宽从 1450 毫米开始，最终演变成 1505 毫米，总占地面积也超过 5 平方米，不过，倒是确定了全长和内部空间的基本尺寸，也造就了四轮四角尺寸。 四轮四角尺寸的特点是，车宽和轮距都较宽，轴距较长，悬伸（延伸到前轮前或者后轮后的车身部分）极短。

我一直都认为，汽车设计是从草图开始的工作，但是，就像上面讲的那样，让面积紧紧地束缚以后，还能不能做出想要的设计呢？ 我越来越担心。

梯形风格的稳定感

辛苦过后，基本框架总算露出庐山真面目。 第一代“本田思域”的设计工作，根据基本框架大踏步地展开。 造型逐渐显现出来，但仍得不到大家的认可。 感觉到团队的焦躁，我也很痛苦。

曾有过因开“本田 N360”翻车引起诉讼的案例，我脑子里一直记着这件事，心想，要是采用“梯形风格”，设计一种“稳定感”极强的造型就好了，这种造型乍一看就像粘在地面上一样，而且，还彰显了这款车的设计特点。

推进设计工作时，并非没有限制，不过，周围像从前那样指手画脚烦人的话少了，就连夸奖造型好看等顺耳的话，也消失得无影无踪。

虽然当面不说，但有人却在背地里嘟哝“造型像四喜丸子，真是难看”。我感觉，通过化“不利”为“有利”，可以继续完成我自己想好的设计，但是，看来这个造型不讨人喜欢。

因此，迫不得已想出各种说辞跟人家解释，诸如“这款车打破了目前流行的惯例”，“虽然谈不上漂亮，但是多可爱呀”，“看起来钢板很厚，够结实吧”等等。好不容易才有人说：“是呀，说起来这款车也不错。”还真成功了。

于是，“梯形的稳定感”作为“思域”的“造型概念”受到周围人的重视。而且，也让本田先生欢喜，他说：“梯形不错嘛，从后面看造型非常漂亮。”

他自己乘坐的四门轿车造型非常好看，还带行李箱，然而他却对我说：“今后车型都像这样设计吧。”本田四轮的“设计趋势”终于得到认可。

打定主意不动摇，造型亦能感人心，这是通过开发思域学到的。不过，是先有主意还是先有造型，实在说不清楚。

有句话叫做“功能产生美”。用他们发动机设计人员和车身设计人员的话说，就是“追求功能、具有优异性能的车自然会漂亮，就像方程式赛车那样”。言外之意，漂亮不漂亮跟设计没有什么关系，那么，设计师的作用何在？这个问题值得深思。

胖墩儿

研究所常务看着第一代“本田思域”的泥塑模型说道：

“怎么看都是粗粗短短，这可没办法让客户说造型好看呀。”那时马上就要确定设计了。我坦率地说：“我也是这么想的。”

与基本框架研讨阶段相比，发动机和变速器长度逐渐增加，受此影响，车宽尺寸也不断增大。这款车长度本来就短，这下子倒好，更像“胖墩儿”了，简直是越来越粗短。嘴上说“我恨搞发动机的人”，那意思是怨他们把发动机弄这么长，其实我从一开始就已经放弃了“造型”好不好看的念头。

换句话说，采用这种尺寸，无论如何也搞不出造型漂亮的车。开始时，头脑中简单地想“设计一款与刚上市的奥托比安西般配的外形”，想是这么想的，但依然不新颖。设计师断了漂亮不漂亮的念头自然就会这样，每天都抑郁寡欢。我觉得必须尽快远离这种状况，于是就想，为了让这种框架看起来优美，只有另辟蹊径，寻找与传统造型不同的着眼点，诸如“贵得惊人的车”啦，“别具一格的车”啦等等。

蓦地，头脑中想到一个造型，去掉“奥斯莫比尔托罗纳多（简称托罗纳多）”的尾部，缩短发动机罩，如果弄成这样的造型，是不是能设计出有些新意的车呢？很明显，这是为“刚上市的奥托比安西”配“托罗纳多的外观”，当然只不过是一般的模仿罢了。

但是，仔细一想，觉得这并非制造完全一样的汽车，参考表面张力等截面的趋势是找窍门而绝非模仿。如果说这是模仿的话，那么有四个车轮也是模仿。 想到这儿，心里一下子就舒服了。

因此，下决心向组装工作发起挑战，诸如“照原样安上托罗纳多的车轮拱罩”，“这个尾灯用美系车那样的电镀饰条装饰，闪闪放光”等等，乍一看或许有些不伦不类。 换一下思路，就算是胖墩儿，就算尺寸粗短，也能做出颇具威严的造型。

“思域”的车轮拱罩和尾灯的特点以及威严，就是情急之下改了主意的产物。 虽然是从高档车那里学来的，但是谁也没注意。 其实，现有的资源看你怎么用了，谁说不可以这样模仿（虽然讨厌这种说法）呢？ 这种方法对以后做设计大有帮助。

小霸王车型

“想弄成哪样的车呀？”研究所常务问。 当时，正在研讨第一代“本田思域”基本尺寸和硬性（功能）要求，也逐渐筛选这款车的“希望状态”。

哪样的车，用一两个词儿无法说清楚，就是希望弄成这样的车吧，“家里有带草坪的院子，还有停车场，老爸开奔驰我开二号车（思域）”，“即使只有一辆思域，也让人认为家里一定有奔驰”。

设计成看一眼就能有那种感觉的车，可不是件容易的事儿。那时，我想“思域”也有那种风格的话就好了，与奔驰并排放也不丢面子，就像“本田小猴子”一样，偶然与“750（本田 CB750）”并排放也毫不逊色。“小霸王车型”这种概念，源自我们团队全体成员的想法。

因此，为了让钢板和涂膜看上去比较厚实，真是绞尽了脑汁，诸如 0.7 毫米薄钢板也制成抛物线截面，以彰显看起来真像厚钢板的“张力”啦，开发涂底漆的新方法，采用 2 涂 2 烘（经历两次涂装和两次烘烤）涂装，以展现出“珐琅感”几乎令人错以为是奔驰的 4 涂 4 烘。

此外，电镀似乎是豪华车的特权标志，然而，我们连随便电镀几处的资金都没有。因此，决定让后背门（tail gate）和灯的饰条之类、鬼面罩饰条和中心标识等闪闪发光，闪得让人感到有些夸张。采用这样的方法，车虽小，但很有存在感。

尽管做了一番努力，但是，依然在尺寸所彰显出的存在感上遇到难题，想不通就又回到“本田小猴子”上。

于是，讨论“为什么这家伙在 750 面前显得那么了不起？”得出的结论是“可爱、个性、有用”，总的说来，那就是“讨人喜爱”。接下来，再讨论更难的问题：“如何将讨人喜爱的感觉融入到造型中？”

想起那时一首歌的歌词——“是那样，是眼睛”，前照灯设计得看起来像大圆眼睛。

脑海中浮现出这样的场景，喜爱地抚摸狗、猫等宠物的头，轻轻地拍打马和喜爱的飞机（战斗机等），说着："好好干啊。"我一边想着哪种造型好、哪种表面佳，一边继续设计。

晴天哥

进入一九七一年，第一代"本田思域"的开发，在确定基本总布置图和泥塑模型的基本线数值的基础上，主要功能部件（发动机、悬架、装饰、电气产品等基本零部件）的设计工作，大踏步地开展起来。

一个搞试验（发动机性能）的人，经常在工程设计人员画的总布置图前工作。谁都知道他爱挑毛病，动不动就叫喊"这玩意儿不行，不行呀"。他这样"找茬儿"很恼人，不过，也确实很有道理。他说："团队中设计人员的水平高低，决定着今后三年的工作是否顺利。"我觉得，这的确是正确的判断，有先见之明。

确实，相比靠试验发现问题，设计环节不出问题更为重要，前者是"结果"，后者是"过程"。为此，需要追溯到更加"源头"的观点，即工程设计理念。他夸口一看总布置图就明白。

这种自由豁达、爽朗的气场还是不错的嘛。以后，大家就管他叫"晴天哥"，名字源自本田的企业精神，即"乌云过后是晴天"。

刚想终于解决了一个问题，结果不知从哪儿冒出来一个人又吵嚷着“发动机过宽”。于是，大家都飞奔到负责发动机的人那里，啜啜不休地责难一番，这种事儿属于家常便饭。团队全体成员有着共同的观念，诸如“用独立悬架搞”，“做成撑杆式悬架”，“碰撞安全性最优先”等等，同时，我们还相互确认，相互支持，不达目的誓不罢休。

吵架归吵架，大家就“希望状态”取得了共识，都能够下定决心，在各自的岗位上，为实现“本田制造最好的产品”这一目标，做出自己的贡献。团队之所以成为了一个整体，是因为大家都没有把自己封闭在各自的独立王国中。

拥有远大目标的一群人聚到一起，以平等精神，把问题摆在桌面上反复研讨，这期间，有过沉闷不语，也有过群情激昂，在如此反复讨论的过程中，培养自己的特色，亦即生成破除固有理念的创新活力，激发出前所未有的创意。“坦诚相对（大家聚在一起自由豁达地相互交换意见）”这一本田文化即源于此。

简约又不失魅力

各功能块的 PL（项目负责人）聚在一起，听取“成本未达目标”报告。

大量对外观影响不大的创意充斥其间，是导致成本居高不下的原因，所以大家一起研讨如何降低成本。

接下来，为了使外观看上去像高档车，又想了很多创意，例如，绞尽脑汁想出来的特征线条，大胆地置于车身肩头部位，车身横截面的中间，添加坚固的凹形截面等。

虽然以上努力甚至都有些勉强，但是，毕竟开始探索迅速提高价值的方法，为激发出这款车的魅力起到了抛砖引玉的作用。这期间，我们下决心重新全面设计此前已经弄好的仪表盘（即前座前部安装了仪表和保护盒的部件）。

内饰设计的 PL 非常在意低成本的预埋式仪表盘（当时一般采用模压仪表盘），因为那设计太普通了。他决定要重新弄，说："从力求舒适性的封装（内部空间用）模型上把仪表盘模型拆下来，突然眼前一亮，想出了新的形象。"

为了充分发挥其空间感的作用，将 750（CB750）的仪表，安装到支撑仪表盘模型的架子上，竟然诞生了独创的功能性仪表盘。架子上方仅并排放置仪表，所以称为"托盘式仪表盘"。"简约又不失魅力"的概念，也是在最后关头诞生的。

由此获得自信，从而进一步研讨"魅力价值"。思考这类困难问题时，就说"去桐壶（旅馆名）"，这是当时团队的暗语，它源自叫做"桐壶事件"的故事。故事发生在桐壶旅馆的一套房间，客厅墙壁上粘满便利贴，大家在那里激烈争论通宵达旦，于是就诞生了"GL 型（三门派生车型）"，它采用后背门、盘式制动器、后雨刮器、美国出口用大型保险杠等。这段故事以后有机会再详细讲述。

就这样，GL 型横空出世了，不过重量多出 30 公斤。尽管如此，谁也没要求返回到原来的设计，就这样开发工作进入了最终阶段。

“思域”的重量是关键数据，最终结果，系列平均值为 620 公斤。其中，最轻的标准型（二门）为 605 公斤。GL（三门）为 650 公斤，超过了原计划的 645 公斤。

GL 型诞生记

第一代“本田思域”的开发接近尾声。那时，不仅是两门两厢风格，还开始研发带后背门的新派生车型“GL 型”。做出这一决定时，时间已经所剩不多了。

尽管如此，团队成员还是希望研发 GL 型，甚至钻牛角尖，认为没有 GL 型就没有“思域”的活路，虽然很难，但没有一个人说过“不可能”。以前经历过这样的困难，简直令人感到厌烦，不过战胜困难的感动，也让人难以忘怀。这一次，也有同样的预感。

在时间紧资金少的情况下，团队开动脑筋想办法，原封不动地使用此前研发的“行李箱型”两门模具，以“行李箱型”的后挡风玻璃线（后窗框线）为分界线，让玻璃与行李箱盖一体化的后背门，向上翻转打开，尾灯也照搬“行李箱型”的设计。就这样，团队使出浑身解数来实现“后背门型”。

事实上，以前我在心里暗暗地想过这种方法，以便随时都能搞出“后背门型”，可实际做起来，难度却超乎想象。需要想方设法解决诸多问题，例如强度问题及合页安装方法，再加上随之而来的后方视野问题等等。后背门的门框饰条也是一样的。

一般说来，带盖部件（门、发动机罩、行李箱等）的边缘要进行“卷边处理”，把外板边折弯儿，再夹住内板边使二者结合成为一体，但是这样一来，门框太宽影响后方视野。因此，迫不得已放弃“卷边处理”，而是将内板和外板两张钢板焊接到一起。

此外，还想出妙招，为了隐藏切割后的端面、点焊的凹痕以免影响美观，特意覆上不锈钢闪亮饰条。但是，无论如何也无法让它的宽度变小。没办法，只好加粗橡胶密封条，尽可能使门框看起来窄一些，哪怕是窄一点点也好。结果，它对突出后背门的形象起了很大作用。

紧急制作试制车。不锈钢门框闪闪放光的后背门“啪”地一声打开时，我和工程设计员得意地笑了笑，到底没白下工夫，那可是我们的“杰作”。在艰难困苦当中，亲身体验到“心想事成”带来的成就感。

第三个门

开发团队把第一代“思域”带有后背门的款式称为“三

门”。在企划阶段，我画给评估会看的形象草图是后背门大开的车。但是，有评委问这“是不是厢式客车（van）”，看起来似乎给人感觉不像是轿车。

进入开发阶段，为了确保强度、解决噪音和振动问题，“后背门型”需要大幅度增加重量和成本，而且，人们觉得这种车型还是先放一放为好，等对非同一般的日本市场进一步研究后再说，于是，就先开发“行李箱型”的基础车了。

派驻欧美的同事把他们的想法不断地传递给我，有的寄来照片，说“美国也生产出这种车型（三门型）了”，有的寄来亲笔信和报纸广告、杂志报道，说“欧洲这种车正畅销”，甚至还有人寄来自己拍摄的照片并附详细说明。

欧美双方都提出了当时日本无论如何也想不到的概念，例如，“在超市购物后，把购物袋（grocery pack）装上车时，这里（后背门）不打开就没法往车里塞”啦，“去买水时（大瓶矿泉水，8~10 升左右），非常方便”啦等等。

让开发团队吃尽苦头的难题纷至沓来，诸如噪音和振动、重量和成本、异味和漏雨等，这期间，得到了很多很多鼓励的话语，也让自己的想法更加坚定。团队的同事也越来越相信这种三门车型必将成为今后的趋势。发售前，先为国内营业员召开产品说明会，当时一位营业员提问：“三门？左边还是右边有两个门呢？”开发成员感到莫名其妙，不过仔细想想也就释然了，这种疑问不足为奇。

他这一问倒是反映出一个问题，如果不仔细斟酌“第三个门”如何表现、怎样诉求，这样的事情还会发生，于是就采用“掀背车（hatch back）”这一名称。所谓“hatch（舱门）”，是指船舶甲板上的升降口所带的盖子。

话又说回来了，能够这样坦率而且大胆地提出这种问题的人，现在还有吗？正是因为他希望充分了解我们研发的车，才会提出这样经过专心思考的问题吧。提出那个问题的营业员，后来当上了本田的会长。

一缕清风

“怎么样，有信心吗？”问话的是研究所所长。当时，第一代“本田思域”马上就要发售。对于概念和设计，我有自己的理解。但是，老实说，如果有人问“这车受欢迎吗？好卖吗？”还真没有能立即说“是”的自信，只能回答“尽力而为”。

此时，团队的同事也开始议论“一个月能卖多少辆”。卖“本田 H1300”时，曾有过痛苦的经历，最初月销售五万辆，不知道什么时候减到一万辆，直到最后产能过剩，库存大量增加。最后，我们决定“思域”月产 5000 辆。大家都十分谨慎。尽管如此，随着这款车的逐步完成，一旦“小霸王车型”这一标准概念能够表现为所构思的造型，我们的自信就会逐渐增加信了。

一天，促销部部长（前本田美国总经理）突然打来电话，他说：“一定要听听你的意见。这一次，那款车想命名为‘CIVIC’。”我回了一句：“您高看我了吧。”他又说：“你设计的‘形’配‘CIVIC’这个名字合适吧。”直观告诉我，它与“思域”的基本概念相吻合，便答道：“正合适。”

“谢谢。”话音未落他就挂了电话，我却拿着话筒，呆然良久。“思域”的命名，之后又经历了一些波折，引发了各种各样的议论，诸如发音像“馊瓶”、“英文 CIVIC 不论从右往左还是从左往右念都一样”，像是菜摊的广告啦等等，最后所长力排众议坚持用那个名字。

一九七二年七月，终于迎来了“思域”发售日。在记者发布会现场，以知性闻名的山口京一先生等汽车记者们全都赞不绝口，不断地夸奖“宛如一缕清风”，“日本终于也能造这样的车啦”。

虽然令人雀跃不已，但一直到发售前，不，就连开始发售后也一直惴惴不安，总是担心不好卖。如果销售缓慢，如果听到“在高速公路收费站，按微型车收费通过”等半开玩笑半得意的话语，那就更受不了了。

在这样的不安中，有一天，本田收到了“年度车型”奖获奖通知。付出终于得到了回报，内心百感交集。我有一张纪念照，那是在表彰仪式上，本田先生居中与团队前辈并排而坐时拍下的照片，它可是我的珍藏。

把脊梁骨挺直

第二代“本田思域”的先行研究工作开始了，目标是“以‘低’成本打造‘奔驰’的价值”。几经周折搞出来的概念，其形象是“多层圆形年糕，紧凑而有力，摆放在坚固方座上”，用一个短语来形容就是“三宝上的供糕”。依靠研究所总经理的协调和概念所具有的强烈势头，总算可以制作模型了，但要接下来还需解决两个问题。

第一，知道在技术上不合理，还硬要根据概念画出草图，再照着草图搞出造型。这样做会影响成本，因此遭到工程设计队伍的强烈反对，他们满脑子都是怎么降低成本。第二，大家都担心“圆形”作为本田的产品不合适。

一边为这些事揪心，一边制作泥塑模型。与此同时，赞同风格方向性的人与日俱增，并开始有些“看这情形或许能成功”的感觉了。然而，随着等比模型（mock up model）的完成，以及细致的可行性研究（feasibility）工作的展开，各种意见纷至沓来，诸如“这里没办法弄”，“就是做，成本也高”，“不这样做，就不能控制成本”等等。在采取措施解决这些问题的过程中，最初“造型”的效果不断弱化，我发现“供糕”竟然变成了“包子”。

正在这时，本田先生来了。进屋后他马上就问一句：“这是什么玩意儿？”紧接着严厉地说道：“这车造型有点像海参。海参是没有脊梁骨的。人也好车也罢，不把脊梁骨挺直了可不行。”还真不幸让他言中了。

沙丁鱼、青花鱼、鲣鱼等活蹦乱跳的鱼都有脊梁骨。在制作模型过程中，针对设计有各种意见，诸如无法用冲压紧缩啦、无法使用焊接夹具啦、成本增大啦等等，我不想让研讨团队讨厌，再加上满心希望根据这个概念把设计变成真实的汽车，因此每次听到意见都亲切地回应：“您看这样处理行吗？”

结果，我发现不知从什么时候起，“三宝”那坚固的底座不见了，这就是一般所说的“丧失骨气”。今天改一点明天变一处，结果糟糕透了，再加上本田先生又给了当头一棒，真是雪上加霜。此时我完全失去信心，光剩下垂头丧气了。

精美匣子

第二代“本田思域”先行研究模型“三宝上的供糕”设计受挫，我正垂头丧气，碰巧遇到开发第一代“思域”时的所长，那时他给了我很多帮助，他说，“想要得到新的创意，最重要的是改变心境”，建议我去看看美国市场。于是，我与时任 LPL（车型开发主管）职务、负责装饰设计的 S 先生一起去了美国。

靠近哈德逊河有一片高档住宅，街区草坪对面有一个车库，车库中并排停放着奔驰和“思域”，考察美国市场的过程中最令人激动不已的体验，莫过于此情此景了，当然，还有一些事情也令我感动。

在洛杉矶，在多伦多，年轻女子驾驶的第一代“本田思域”是何等可爱，看着就那么伶俐。 而且，“思域”车友开车在路上相遇时，都相互挥挥手，按几下喇叭打打招呼“思域”看上去就像是具备生命力的活物。

陪同我们一起考察的美国设计师告诉我，思域给人的这种感觉叫做“cute”。 在旅行的日子里，精力和信心一天天在恢复。 后来查词典，“cute”有伶俐、可爱的意思。 也就是说，我们当初制定的“思域”设计企划得到了美国年轻人的理解。

返回日本后，向一直放心不下的研究所总经理汇报这次考察的感受。 总经理仍旧跟往常一样严厉地批评我，他说：“这次美国之行，你们的所见所闻，对方（竞争对手）也一清二楚。 就没发现只有第一代思域制造者才懂的、我公司自己的优势（advantage）吗？”顿了一下，他又说：“这个，拿去参考参考吧。”说着，递给我一个带漆描金画的“匣子”。 那匣子非常精美，四方造型，表面紧张而有力，四角圆润，正是日本的“式样”。 我们在美国心醉神迷期间，总经理独自一人在日本一直思考，想到这里，我肃然起敬。

能不能把这样的“心绪”表现到第二代“思域”的造型上，我没有自信。 不过，这个“精美匣子”的设计理念，一直在我们设计师设计造型过程中延续，二十年后，设计吉普型 CRV 时，学习这个精美匣子的概念终于得到回报。

思域改变本田

日本泡沫经济崩溃，本田的情况也吃紧，甚至风传出现了赤字。一天，全体董事齐聚箱根的一家酒店，总经理说“希望引入 TQC（全面的质量管理）”。

TQC 对于工厂出身的人来说并不陌生，但对于研究所出身的我来说，以前还真没听说过。同时，总经理还指出：“我们的目的，一言以蔽之，就是‘用思域（第六代）抗衡雷克萨斯 LS’。”

我立即想到设计第二代“思域”时的往事，那时把“以低成本打造奔驰的价值”当作目标，也曾被认为是一个不可能的命题。“思域抗衡雷克萨斯 LS”依然会困难重重，我做好了最坏的打算。这次第六代的目标车也与第二代的目标车匹敌，“雷克萨斯 LS”是 T 公司最豪华的车，它别具一格，从根本上改变我们对于该公司汽车的想法和做法。如果不汇集企业的综合实力，显著提高水平，是无法制造出这样的车的。

之所以说“‘雷克萨斯 LS’改变了 T 公司”，原因就在于此。我个人认为，总经理并非是说“以大众车的造价制造豪华车”，而是期待“改变本田的思域”。

总经理问：“谁能带头干呢？”四轮企划室主任兴致勃勃

地举手答道："我试试。"他主管的部门，掌握着产品的"命脉"。话又说回来了，那时，所谓"TQC"究竟是什么东西，我还全然不知，根本没法带这个头儿。

此后不久，给本田风格的"TQC"冠以新名称"TQM（全面质量的管理）"。而我当时就是一个劲儿地埋头学习。我越来越后悔揽了这么困难的工作，最先开始着手的是设立"CTS"这个任务团队。所谓"CTS"，是"思域战略团队"的缩写。"本田思域"已经开发了五代，我想通过这五代的开发经验、来引导本田走上现代化之路。

团队成员来自营业、生产、开发、质量、采购、管理等各部门。但是，能够网罗到这些人才非同易事。对于我来说，TQM 的第一项工作，就是放低姿态把各部门的精英请到一起。

神乐坂的老师

尽管我们拼命学习"TQM"，但"TQM"实在太难了。开发第六代"本田思域"时，当我们自己的想法归纳到一定程度时，时任 RAD（产品研发总括主管）的 I 先生、四轮企划室成员任职 CST 秘书处的 H 先生，再加上我一共三人，去向 TQM 权威东京理科大学狩野老师求教。

大学研究室位于神乐坂，因此，大家都亲切地称他为"神乐坂的老师"。"请您告诉我们，开展 TQM 时最重要的是什么？”我们向老师提问。“TQM，大家都说很难，其实简而言之，就是找‘用户’。”老师简明扼要地说道。

我向老师解释：“在日常工作中，我就是仔细聆听用户的要求，并参考这些要求设计汽车的……”他一脸严肃，说：“听是听，不过，你是否可以确认听到的都是这款车型的目标用户的要求呢？”

确实，用户对于“思域”的意见，的确收集得太多太多了。提出意见的人，一定是“思域”车主，但是不是我们开发当初所设想的目标用户还真不好说。

一调查才发现，很多本来应该开“雅阁”的人，由于经济方面的原因改开“思域”。注意到这一点才知道，尽管“思域”原来是打算为年轻人生产的，但却根本就没有按照“原来的目标用户”的意见实施。

有些用户本来把“雅阁”级别的轿车作为自己购车标准，因价格和尺寸的关系不得已才选择了“思域”，他们对“思域”不满是理所当然的，要是光根据这些人的意见开发思域那就乱套了。如果是真心购买“思域”的用户，那么他们的意见都得听取，并采取相应措施。

因此，与营业人员一起，再次给“思域”创建“用户画像”，以确定其特征。调查结果真是令人难以置信，给我们提出意见的用户，与本来企划时的目标用户，他们不一定是同一个人群。意识到这一点已经是一大进步。

真正的用户

新建“CST（思域战略团队）”的成员筛选“用户画像”，一直到营业、生产、开发、质量、采购、管理部门全体员工都明白为止。就这样，目标用户逐渐明晰。那么，在规格方面，他们对第六代“本田思域”到底有什么要求呢？这是接下来需要慎重探求的问题。

下决心反省以前武断地认为“一定是这样”的行为，弄清楚用户真正的要求，除此之外一概不做。首先，开始终结性能过剩。负责质量的人员用“当然质量”、“必要质量”表述那些要求，并制订出将其数字化的方法。也就是说，明确区分两种“质量”，“当然质量多多益善”、“必要质量适度即可”。与此同时，负责采购的人员，根据成本降低20%这一超高目标，使用惯用手段，诸如沿用、共用、征用等，首先针对明天，然后是第五代“雅阁”，接下来是第六代“思域”，全都开展降低成本的工作。但是，谁都清楚，仅凭这种平平常常的方法，无论如何也不可能达到成本降低20%的目标。

在非特定多数用户的“必需”方面，花费太多人力物力，导致成本居高不下。负责质量的人员研发出来的鉴别工具，发挥了重要作用，它可以明确判断两种不同级别性能之间的区别。两种不同级别的性能，其一是指“绝对不可欠缺”的性能，其二是指“非强烈期盼”的性能。

还有一个重要的内容，也是跟神乐坂的老师学的，那就是“关原会战”观点。 动员各部门，各自确定真正的用户画像，然后集中到一起，让大家充分发表意见。 认清了“真正的用户”，因而，每天都考虑需要基于“真正的用户”准备哪样的工具，以便所有开发相关部门的人员都具有共同的认识，一起参与开发工作。“车到山前必有路”，经过大家近一年的艰苦奋斗，把原本各自为战的部门横向联系起来，并找到了“共同目标”及其“达成方法”。

“CST”起源于“用思域抗衡雷克萨斯 LS”的远大理想，它的工作告一段落，便成立了第六代思域开发团队。 用户再次实际体验第六代“思域”，说它就是“车神”。 以后，如果希望将这种观念扩展到所有车型中，只要把缩写“CST”当中以“CIVIC 的 C”开头的那个“C”，换成“CARS 的 C”，“CST”便有了新的含义。

回归原点

故事发生在精炼第六代“本田思域”概念时期。 在研讨目标是什么、竞争车型是哪种车的过程中，团队得出一个结论，即“思域的竞争对手是思域”。 在当时的年轻人中间，有一个流行说法叫“超……”，将新概念用这种形式的短语表达就是“超思域”。

设计依然继续进行，就在其决定阶段，总经理也用那流行的词儿回敬道："质量还未达到'超'的程度。"刚要往回走，总经理冲着我说道："把你的本事都拿出来，给我干个漂亮的活儿。"以后，设计便出现了巨大变化。

结果，设计几乎是重做，这对团队打击很大。不过，这样的事情已经经历过多次。总经理很高明，看透了这一点。因此，立即召集年轻设计人员，说了这样一番话："现在还看不到这辆车的质量。我们不是要搞成质量看得到、感觉得到的车吗？我们要打造能够引发共鸣的质量，只有这样，才能让世界各地的人都爱上思域。""信任感"和"放心感"，与以前擅长的"跑车感"、"轻快感"不同。如果这可以表现出来的话，那么能够引发共鸣的"质量"，就应该自然而然地流露出来。他又说道："所谓'超思域'，是指'质量'超过以前的思域。"

过了一会儿，负责这项工作的 K 先生说道："考虑了很多，思绪却总是回到第一代思域。"但事实上，他却全然不知第一代"思域"是怎样搞出来的。于是，总经理讲了几个实例，介绍当时的艰辛，并说明什么是开发相关人员所考虑的"第一代思域的原点"。他说："本田现在有很多产品，诸如本田先生为家庭主妇采买所生产的带发动机自行车'A40'、大街上的能手'超级幼兽'、体现大众梦想与现实的微型跑车和货车、后续的'N360'和'TN360'等。这些车型全都获大众青睐，受大众欢迎。第一代思域的原点就在于‘此’。”

K 先生目光炯炯，说：“明白了。 我们应该回归到思域的原点。”此后，“回归原点”就成了团队的暗语。 所谓原点，当然就是指“用户”。 只有回归到用户的立场，才能够了解到用户的心思。 后来，第六代“本田思域”获“年度车型”奖，荣登全世界最畅销汽车的宝座。

第 3 章
形即是心

从“Design”到“设计”

一九六四年，东京举办奥林匹克运动会，同年，我入职本田。此后的三十六年，我从主任设计师到经营管理层（常务董事、四轮事业总部产品代表），参与了诸多产品的设计和开发工作。

这期间，我从本田先生等历代管理人员那里，学到了什么是“产品制造”。同时，也见识了“设计”的威力，并亲身体会到设计对企业经营的重要性。

今天，“设计”这个词已成为日常用语，正因为如此，其含义变得更加宽泛，更加有深度。查词典可知，它大致有两个含义。其一，是指人工制品的创意、图案或装饰，主要考虑外观和实用性。其二，是指达到目的所需的企划、计划及设计。

最近，像“设计未来”这样，使用第二个含义的情况不断增加。有些词典中，还有“谋略”的释义。这与商业中所说的“战略”或“战术”相近。

二十世纪五十年代中期，松下电器（Panasonic）总经理松下幸之助先生从美国考察归来，在羽田机场一开口便说“今后将是设计的时代”，这在当时传为一段佳话。此后五十余年，日本实现经济复兴，令其他国家羡慕不已，设计功不可没。

另一方面，一九四八年开始创业的本田先生，自认为“在研究过程中，比别人更加注重设计”。然而，本田先生没在美术类大学深造过，也没学过工业设计，可以说，设计“造型”完全是他在摩托车制造和汽车制造的实践中学到的。

关于设计，本田先生曾说过“好卖优先”。而且，设计除了要求易于使用之外，还要求易于制造。即便生产难度有所提高，也要以好卖为先决条件，如果大家说“这样有利于设计”，那么可能就需要面对制造方面的难题，本田先生的观点是，“好卖的设计才是好设计”。

依靠源自本田先生那优秀的“本田 DNA（基因）”，本田不断将“或许可以”变为“现实的产品”，于是，才有了今天的辉煌。

“Design”这个单词，来源出自拉丁语“Designare”，其本意是“付诸行动之前，应先考虑其目的（What）和方法（How）”。也就是说，所谓设计，是指“考虑以什么方法来做什么事情的行为”。

这个单词传到法国后，分成了两个法语单词“Dessein”（计划、意图）和“Dessin”（素描、图案），传到意大利后，就演变成了“Design”（设计和企划）这个英语单词。据称，开始时它只有“Dessein”的含义，进入十六世纪后才增加了“Dessin”的含义。

“Design”这个英语单词，于明治初期传入日本，译成日语时，采用了引自中国古典的“意匠”。“意”指“心情”，“匠”指“技术”，可以理解为“精神和技术融为一体”、“用心使用技能”等。

然而，进入明治中期，“意匠”一词在防止模仿的意匠条例影响下，花样和图案的含义被强化，直到二战前，这种意识都根深蒂固。二战后，为了淡化这种意识，开始使用由片假名拼写的“デザイン”一词。顺便说一下，中国现在称Design为“设计”，令人吃惊的是，它竟然是来自日本的外来语。

设计师在产品开发的流程中，发挥着各种各样的作用。其中，在市场调查、企划及设计阶段，设计师需要与很多部门的人员一起创建概念。特别是在汽车开发中，设计师需要与多人共同合作，朝着同一个目标前进。在这个过程中，设计师是开发项目中的关键人物，其可视化（表现）能力和综合（协调）能力，便成为其设计的利器。

一九八九年，名古屋举办世界设计大会。会上，有人问我："您能不能用一句话概括一下，设计中最重要的东西是什么？"我回答是："？！"

我的意思是说要实现"？"和"！"的完美结合。"？"指"Question"，代表"探究"或"觉得奇怪的心"，"！"指"Exclamation"，代表"感叹"或"感动的心"。

"？"与"！"合二为一，就是"好奇心"和新发现带来的"喜悦"。

有一次，我发现"？"和"！"非常有趣。在"5W1H"中，同时使用"？"和"！"的只有"What"和"How"，这恰恰是设计词源中所说的目的和方法。相反，其他几项只使用了"？"，具有代表性的是"Why"。

遇到困难时，我总是借助"Why"来解决，问一问"为什么？"。曾经有人说过，"Why"是产品制造的"魔杖"，难道这就是我多次得到帮助的原因？

设计和发明

据说，在铃鹿工厂新建的"本田 H1300 四门轿车"焊接生产线前，本田先生大发雷霆，他怒问："这是谁干的！"好像是准备涂装的车身在焊接精加工工序被耽搁了。本来应当使用硬钎料进行填埋的焊缝，因为没有达到焊接精度，而改用焊锡精加工。

“只要精度提高了就没有问题。”在场的生产线主管回答。“根本不是那回事，快叫负责人过来。”本田先生大声申斥道。研究所收到指示后，对我说“你去一趟吧”。我什么也顾不得，急急忙忙乘坐新干线赶过去。

本田先生正站在焊接生产线精加工工序前，一看到我便说：“你想杀人是吗？”听到杀人不由得心头一紧，事发突然，我吓了一跳，仔细一问才知道，原来“焊锡”是铅锡合金，人体长时间吸入铅粉尘的话会要人命的。

另一方面，研究所正在制作“H1300 双门轿车”泥塑模型。此时，本田先生又在现场确认焊接部分，他问道：“这款车怎么焊？”我早就从工程设计那里得知，其焊接方法与四门轿车相同。但是，现在提这事显然不合适。于是，便答道：“我马上去确认。”自己给自己解围。

然而，第二天一大早，本田先生就问我：“怎么样了？”过了一会儿又问：“打算怎么办？”在问题解决之前追问多次，外观设计室叫苦不迭。正是这种执著，最终使我明白“根本不是那回事”的真正含义。在工作现场，我直接从总经理的怒骂声中学习了制造业的根本——“不安全、无生产”，原先我认为它只不过就是一句口号而已。

此后，从几个方案中选定焊接方法，在车顶的两侧，用两根橡胶饰条，由前向后盖住经点焊处理的凹槽部分，这称为“莫希干方式”。 所谓“莫希干”，原是美国印第安部族男子发型的名称，车顶两侧嵌入的两根饰条与其非常相似，才有了“莫希干方式”这个名字。

虽然只是不起眼的设计，却也是蕴含“人类生命”这类哲学语言的大发明。 开发仍在持续进行，但是紧急采用了这种方式。 工程设计人员和我申请了专利、实用新型专利和设计注册。 但是，这并未受到大家的好评和欢迎。

基于这种新的接合方法，诞生了新的车身结构（侧围板方式）和新的焊接方法（GW 方式），而且，产品还实现了轻量化和高刚性。 现如今，世界上不管是哪一家生产厂商，都自然而然地采用这种方式。

一九七八年，一件未曾料想的事情发生了，使用了上述“车顶饰条”的第一代“本田思域”，整车及设计首次获得“全国发明表彰通产大臣奖”，那年我三十九岁。 我是三十岁出头开始负责其外观设计的，从汽车上市起，也已经度过六个春秋。 于是，我与负责内饰设计的前辈一起，代表团队领了这个奖。

本田是最后一个进入汽车行业，成为汽车生产厂商的。这次获奖，对于本田来说，是莫大的激励。 而且，对于我个人来说，能够和夫人一起与研究所总经理夫妇结伴，接受常陆宫殿下（*昭和天皇第二皇子。——编者注*）和王妃殿下的祝福，就像是做梦一样。 此外，在召开审查前的听证会时，我从专利厅设计科（获奖推荐单位）各位办事人员那里学到了很多东西，这为我以后的成长提供了充足的养分。

获奖之后，我前往专利厅道谢时，问设计科的办事人员：“在日本这么多优秀的产品当中，要评选出获奖产品非常辛苦吧，有没有什么特殊的标准呢？”

他告诉我说：“虽然包括自选和他选等方式，但首先是引人注目。”我又问他：“是要有变化吗？”他说：“虽然也需要有变化，但是有变化并不代表引人注目。获奖的产品是有共同点的。”

接着又对我说：“为了制作应征作品集，我们会拍摄产品照片，然后贴上去。此时，在整体布局中，有些产品的照片一轮、两轮看下来总显得比较大。于是，我们赶紧将其缩小重印，再贴到作品集上。很多这类产品获奖了，在大街上也非常引人注目。思域就是这样的。”

有些产品虽然没想引人注目，但却有引人注目之处。“思域”已经成为近来日本少有的长寿车型，连续卖了七年时间。从失败中孕育而生的“车顶饰条”，还有使用了车顶饰条的独创车身结构，打动了用户的心。

关于“引人注目”，世阿弥在《风姿花传》中提到：“花的魅力是珍奇，是有趣，说到底就是引人注目。”而且，这也是使众人愉悦之所在。要想彰显魅力，只有反复训练。反复训练也可以说是“温故而知新”。经常反省自己，孕育引人注目的魅力。

先见、先得、先进

“先进”这个词，做起来很难。如果步伐太快，人们会跟不上，如果稍微落伍，就得不到任何人的青睐。这就是本田先生说过的“快半步”，如果快一步，就过头儿了。

美国著名的工业设计师雷蒙德·罗维也说过类似的话“MAYA”，它是“Most Advanced Yet Acceptable”的缩写，意即“人们能接受的最先进的状态”。

看准这个位置，在产品制造，特别是在创造出产品的过程中，是最开心的事情。但是，即使拥有市场调查和用户问卷调查等最新的科学手段，也难以精确把握这种快半步的距离感。

为什么呢？因为那是一个直觉（感性）的世界。虽然难以深入探讨，但是，从经验上说，只有靠“意”，也就是人们常说的直觉、直感或第六感，才能把握快半步的尺度。其中，“意”是指让五个感官眼、耳、鼻、舌、身（视觉、听觉、嗅觉、味觉、触觉）更加敏锐，并使用眼耳鼻舌身的全部功能作出的判断。

近来，有第六感的人少了，而失去第六感的人多了。边走边读攻略、上网、用手机，感觉变得毫无用武之地，这样做不可能锻炼第六感。

本田宗一郎所说的三现主义“现场、现物、现实”，告诉我们要运用全身和感觉，倾注全知全能处理事情。

人类是有“欲望”和“竞争”的生物。所以，人们喜欢“新”产品，社会因而得以不断进步，这就是芭蕉（松尾芭蕉，日本江户时代前期的著名俳谐诗人，将俳句的形式推向顶峰。——编者注）所说的“不易流行（芭蕉深受中国古代哲学思想的影响，“不易”是指无论世间如何变化就是不变的真理。“流行”则表示追随社会和状况的变化连续不断变化的东西，两者看似矛盾，实则交织在一起，意即在尊重传统的同时也应在新的时代潮流中获得灵感。——编者注)”。那么，如何才能把握这种“新”呢？

产品制造总是明摆在那里的，正因为如此，超越技术的感性才非常重要，感觉好就是感觉敏锐。“先见、先得、先进”意即先看到、先得到、先进步。一旦被模仿，就再向前走一点，不要走一步而要走半步。如此保持下去，虽然困难，但却快乐。除了感性和忍耐之外，其他什么都不需要。

为什么呢？因为成功后的笑容是可以想象出来的。借用罗维的话来说，就是“Never leave well enough alone（不要满足现状）”，用本田宗一郎流派的话来说，就是“坚持到最后”。

本田先生曾严厉地批评我，他说：“艺术家是不能设计出‘新造型’的。”那是因为三十岁左右时，我正沉浸于“思域”的成功，喜好时髦，出于卖弄画了一幅汽车的画。现在想想，在本田先生看来，那是多么自命不凡和俗不可耐。而那句“你们是设计师”唤醒了我。

能够设计出“产品”颜色和造型的，不只是设计师，画家、雕刻家、陶艺师也同样能够做到。但是，即便他们能称为“艺术家”，也算不上“设计师”。从制造出此前没有的“产品”这一点上来看，“艺术家”和“设计师”很相似，所以，设计师的工作是具有艺术性的。

那么，区别在哪里呢？我认为，艺术家制造的“产品（作品）”和设计师制造的“产品”，主要区别在于是创作一件还是批量生产。

艺术作品除了版画这种特例之外，一般只创作一件，除了较大的绘画和雕刻等会使用助手之外，基本上都由一个人完成。而设计正好相反，是由企业内的很多人共同工作并批量生产的产品。

与设计行为相关的“产品”，作为“商品”必须在社会上广泛流通，让众人接受，并在日常生活中用得上。艺术家可以出于自身目的创作“作品”，而设计师却不能这样。

设计师必须力所能及地“为全社会、为全人类”设计产品。但是，很多时候却本末倒置，“个人日常生活用得上的大量产品”，给社会带来了诸多危害。当今时代，设计师的工作已不能回避环境、安全和能源问题。

其次，“新”这个词，做起来也很难。在烹饪领域，有“时令”之说。新鲜的材料、适当的烹调方法和烹调技术，这三者如果缺少任何一项，即使碗碟再好、装盘再漂亮，也做不出打动人心的菜肴。

设计也是如此，需要新的材料、新的工艺和新的技术。

而且，要实现这三个条件，不管是烹饪还是设计全都相同，最重要的就是“想做什么样的菜肴”亦即“概念”，这些条件都具备了，“新”的设计也就应运而生。

短语

自进入公司以来，我一直从事各种新产品的开发工作。当然，其中有成功的，也有失败的。有趣的是，成功或失败基本上以十年为一个周期循环往复。在每个周期内都有一款达到“顶峰”的车型。

最先达到“顶峰”的是第一代“本田思域”，这款车于一九七二年发售，那时，我刚刚步入三十岁。其次是第二代“本田 CR-V”，这款车于一九八三年发售，那时我四十岁左右。接下来是第一代“本田奥德赛”，这款车于一九九四年发售，那时我五十多岁。

所以说，大概每十年一个循环，令人惊讶的是这三款车型的概念和设计，从成功产品这点上看是相同的，但是时代性则大相径庭。

“顶峰”的前面都是“低谷”，而且确实是处于绝望的“深渊”。在第一代“思域”问世之前，据说高层曾想过“退出汽车市场”。而在“本田 CR-V”出现之前，有人曾说“本田的面目越来越模糊”，即失去了对于企业生存最重要的

“个性”。在“奥德赛”之前，又曾被人们指责“债台高筑”、“与 M 公司合并”、“本田到底怎么了”。

每一次处于“深渊”时，都有相同之处，那就是“缺少资金、人力和时间，而只有那身体缩成一团般的危机感”。但是，当时甚至就连平日里四平八稳的我，都萌生了“必须做点什么”的激情。

俗话说得好，置之死地而后生，转念一想“没钱、没人、没时间不要紧，我们还有智慧呀”，于是，鼓励自己，“阳光、快乐、奋勇向前”。而且，每一次处于“深渊”时开发出的车型，都有很多值得学习的地方。

反省“本田 H1300”系列车型之后，便开始研发“思域”。“思域”是二十世纪七十年代初期，在第一次石油危机来临之前开发的，而“本田 H1300”系列则是在二十世纪六十年代后半期开发的。“思域”是继“本田 N360”成功之后定位更高的车型，鉴于东名等高速公路的建成，逐步从 800cc 的车型升级到美国所说的“100 迈车型”，即时速 160 公里的高速车型。

由于此前过于追求独创性和性能，致使产品开发忽略了用户使用的便利性。通过反省终于明白，重要的是不应冒失前行，而应“回归原点反思”。

开发“思域”时，研究所所长说：“快去看看铃鹿工厂的生产线。”我精神抖擞地出门去了。然而，长长的组装流水线上，我们大张旗鼓动研发出来的“本田 H1300 四门轿车”

却屈指可数，简直是门可罗雀，我的脸马上就绿了。原来是叫我来看这幅光景。

此后，多名三十岁到四十岁之间的成员，组成年龄层次不同的两个研讨团队。这是在装饰、车身、底盘、悬架、设计、发动机、行车试验、材料试验等领域，都自以为了不起的一群人。这群人在受到沉重打击回来后，仍然通宵达旦吵吵嚷嚷，大谈特谈自己的梦想，激烈争论了数天。最后，拿出的各个方案竟然非常相近，令人难以置信。

后来，根据这个基本架构，制定了两套设计方案。这就是前面提到的“异质并行”开发。

通过这个项目的开发，我明白了一个道理，“异质却有着共同目标的一群人聚到一起，平等相待，坦诚地处理问题，打破固有概念的创新活力即源于此”（久米是志，前本田总经理）。

在这种逆境中，产生了一些反其道而行之的关键词和短语。例如因“思域”全长较短，无论如何也实现不了流线型的轮廓，就反其道而行之，便产生了“梯形风格”这个称呼，一看就有“安全感”，像是吸附在地面上一样。

想要怎样的车呢？关于这个问题的讨论，最先提出来的是“城市交通的机动性”。但是，如果缺乏本田的个性肯定会被高层否决，所以产生了“小霸王车型”这个短语。也曾有人说“这么小，不够霸气”，经过考虑，又引用即使并排放也毫不逊色于 750 摩托车（CB750）的“本田小猴子”、“本田长颈鹿”进行说明。

此外，还有“这款车给人的印象不是阿兰·德龙，而是查尔斯·布朗森”、“不是纤纤玉手，而是刚劲有力的拳头”等短语。对于低成本、只有功能部分的内饰，则说成是“简约又不乏魅力”。

另外，还有“实用小巧”、“基础车型”等基本概念，这些短语都是设计师想出来的。这款车命名为“CIVIC”，其名称与我们想出的短语给人的印象完全一致。

刚柔相济的设计

第一代“本田思域”的泥塑模型基本完工。“不错嘛，这个造型真是‘刚柔相济’，让人百看不厌呀。”本田先生看着那个模型说道。当时，我没太理解本田先生的意思，但感觉像是受到了夸奖。

这个词萦绕在我的脑海挥之不去。有一天，我忽然想到搞造型有两种方法，分别是“堆填”和“雕刻”。“堆填”是由使用粘土制作的“原型”取得阴模，然后浇注青铜制作“造型（青铜像）”。“雕刻”是使用“錾子”、“凿子”和“锤子”，在大理石上直接刻出形象，就像希腊雕像那样。在日本，采用堆填法制作的有漆像，采用雕刻法制作的有木像。

现如今，铸造法及冲压法异常发达且已实现批量生产，尽管如此，其原型即母型也还是“单品生产”，它是通过组合这两种方法制作出来的。 这样看来，我们制作的全尺寸泥塑模型也是单品生产，那么它属于“堆填”和“雕刻”当中的哪一种方法呢?

当时，本田使用的粘土是一种带有“日本莲香树”那种“绿色”的粘土，雕刻师常用。 这种粘土在常温下软硬适中，无需使用机械和工具，粗糙的地方用“手掌”、细腻的地方和精细处理阶段用“拇指”堆填，所以它采用的方法属于堆填法。

一般情况下，制作汽车泥塑模型使用红褐色的“工业粘土”。 这种粘土混有很多蜡的成分，在常温下发硬，无法用手指整形，因而需要使用炉子加温软化，预先堆填出大概的造型，待冷却后再使用工具刮。 所以，与其说这是粘土工艺倒不如说更像雕刻。

在最终完成的造型上，两种方法表现出不同的特点。 堆填粘土法，与手掌和手指固有的柔软度和动作有很大关系，可以搞出近似人体的曲线和表面，自然流畅。 与此形成鲜明对比，雕刻粘土法，如果能够灵活使用工具，就能搞出人类所想的任何造型，但加工痕迹明显。 这就是我感觉前者“柔美”、后者“冷艳”的原因。

前辈们为了设计摩托车，经历了无数次试验失败，最终选出粘土的种类及其制作方法，正是有这些，才成就了“思域”、“雅阁”这样温暖人心的设计。

第一代“雅阁”的开发完成之后，引入了自动测量装置，它要求粘土表面必须有一定的硬度，所以，要采用凝固后硬度会提高的工业粘土。但是，当时并未直接使用市场上销售的粘土，而是让生产厂商进行了“两点改进”。

第一点是色调。本田习惯使用绿色的粘土，而工业粘土的颜色却是红褐色，由泥塑模型升级为实物大模型时，为了减小二者之间的色差，通过改进使得工业粘土由红褐色变为绿色，接近“日本莲香树”的颜色，因为本田的设计师，习惯看着“日本莲香树”颜色的泥塑模型来想象实车。

第二点是硬度。限制可测量的最大硬度，使工业粘土在常温下可以堆填。

经过这两点改进，拘泥堆填法的泥塑模型制作精神得到继承，堆填法是自生产摩托车以来就采用的方法。第一代思域具有温暖人心的造型也源于此。

很久以后，经过 WAVE（World Advanced Vehicle Expedition）成员分析，得出一个结论，本田车型的设计，无论是线条还是截面，均呈抛物线状。

“堆填”需要使用整个身体。粗糙的地方虽然是靠手掌，但是不用腰就使不上劲。细腻之处虽然是靠手指，但是光用指尖的话，再长时间也弄不完，而且，如果作业时间过长，还会得腱鞘炎。即便是非常细微的加工，“使用整个身体”也至关重要，这与写字、画画是一个道理。

人体就像“竹子”一样，从粗到细，从长到短，借助关节相连。躯干、上臂、手腕、手掌、手指、指尖，下肢也一样，分别是大腿、小腿、脚背、脚趾、脚趾尖，可以说都是从腰部开始的。人体的结构和动作描绘出抛物线，若风中之竹般优美。

自然的造型是最漂亮的，无论怎样时尚，也无论多么合理，希望读者都不要忘记这一点。日常工作中经常使用的“推敲”这个词，其存在的意义也许正是为了做到“刚柔并济”。

形即是心

第二代“本田思域”刚上市不久，我被研究所总经理叫了去，他劈头一句：“你别做设计师啦。”我想这下可能要完蛋了。

之所以这么想，是因为这可是经过慎重考虑才推出的第二代“本田思域”，为什么反响平平呢？在街头巷尾听到“不像本田”、“设计过时”诸如此类的言论，我心里很不是滋味。

没有什么词比“过时”更贬低设计师了。我甚至经常说：“杀死设计师不需要用刀，只要说他过时就行了。”总经理见我垂头丧气，便安慰我，他说：“别灰心，给我打造一间能让人设计灵感层出不穷的房间（外观设计室），我要世界第一的。”

我甚至连过年也没休息，写完执行计划书就交给了总经理。计划书分为三个部分，每部分的标题都写在计划书的首页，第一个标题写的是“形即是心”。人的心，如果是无忧无虑的，脸色就沉稳，如果藏着烦恼和愤怒，脸色就冷峻。与脸色相同，人们制作出的各种“产品”，也会彰显出制作人的心情。

开发第二代思域时，我们的确太看重获得好评的第一代思域了。虽然说要冷静头脑，但是，诸多方面的自满也是事实，以为只要做得一样，就能再次获得社会的认同。或许，这种心情也显露到了产品中吧。群众的眼睛是雪亮的。

“形即是心”这个词，是我当时从痛苦和烦恼中发现的。意思是说，设计师的心会彰显于形，更深层的含义是“设计师需要具备将自己的心彰显于形的能力”。由于“形”会表现出制作人的“心”，所以，设计师锻炼自己的“心”至关重要。天天都要用“心”地磨炼感性，并不断努力、认真地工作，如此就会变得信任自己，这就叫“自信”。自然而然地，这种自信也会显露在产品上。

第二个标题写的是“设计即佛行”。设计师往往自命不凡，自顾自便，不知不觉地首先考虑如何主张自己的“想法”和“风格”，而忘记了为了什么设计、为了谁设计。所以，设计师应当将“为全社会、为全人类”而“专心致志”地设计作为“精神支柱”。

当时，在一本书里看到过“铃木正三（SUZUKI

SEISAN）”的故事。铃木正三是江户时代初期的武士，德川家康的旗本之一，后来出家为僧，修禅宗，致力于向众生传播正确的生活方式。

他主张众生通过修行（菩萨行）来创造理想的社会。认为除了出家人之外，普通人不能抛开自己的工作空谈修行。

他说，众生一心一意地做好自己的工作即是“佛行”，依靠人与生俱来的佛性过好每一天。对农民来说“农业即佛行”，对商人来说“生意即佛行”。

读了这些，我仿佛醍醐灌顶。这就是第二个标题写“设计即佛行”的原因。只不过在设计现场，“修行”和“佛行”太抽象，也不好理解，而且并不是流行词。或许难以让外观设计室的员工理解，但我还是下决心把这句话放到三个标题的正中间。所谓“佛行”，是指只要想着为全社会、为全人类一心一意地搞好设计，就必定能得到好的果报。

第三个标题写的是在设计方面最为重要的是“普遍性”、“先进性”、“服务性”这三个要素的绝妙“组合”。所谓“普遍性”，是指尽管年头已久，依然保持不变并得以保留，是无论世界上什么样的人看，评价也没什么不同的东西。

所谓“先进性”，是指领先他人，更为重要的是随着时间的推移仍不失新鲜感。让人以为是最先进的产品才买的，结果很快就陈旧、过时，这种东西是无先进性可言的。

所谓“服务性”，是指普遍性和先进性的完美组合，以梭织布为例，“经线”可以说是普遍性或人类社会，“纬线”可以说是先进性或时代动向。

经线和纬线既不紧也不松，张力调整适度，编织成契合时代的图案，这就是“服务性”。事实上，这是一种重要行为，它要求拿捏得恰到好处，过头、不足均不可取。

计划书长达十几页，首页是上述三个标题，后面是基于这三个标题制定的具体实施要领。我向总经理请求：“给我三年时间实现这份计划书的目标。”他只看了第一页，便注视着我的脸说：“好，就这么做。”接着，他又像讨价还价似的说：“但是，不知道三年后公司还在不在，所以，用一年半时间实现它。”然后又加上一句：“用下一代“本田 CR-V”（第二代）证明给我看。”

与矛盾的斗争

在设计第二代“本田 CR-V”的过程中，由于没能做出有特色的设计，我闷闷不乐。我想，还是梳理一下头绪比较好，所以决定先弄明白几个问题，诸如“第一代为什么不顺利”，“这类车的用户对本田有什么期待”等等。

经过研究了解到，用户当然是有贪心的，他们期待“以合适的价格，获得跑车的造型和轿车的实用性”。而且，考虑到第一代让人家说“不像本田”的评价，有必要再次建立本田的“跑车形象”。

现如今，已是中置发动机超级跑车的全盛时代。 不管在谁看来，超级跑车都带有明显的“跑车形象”，它的特点是，为了降低重心、减少风阻，采用较低的车身轮廓，所以造型十分漂亮。

中置发动机车型，其发动机位于前后车轮的中间，所以，不是后座极窄，就是没有后座，亦即双座车。 而且，发动机罩内没有发动机，因而，车身高度可以设计得极低。

就在那个时候，研究所总经理说：“把那造型漂亮的轮廓啦什么的，都画出来看看吧。”于是，我在第一代“本田 CR-V”车身轮廓（全尺寸模型）的基础上，重新画出自己认为造型好看的线条。 结果，轮廓线竟然降到了低于第一代发动机罩 100 毫米的地方。

看过那张图，总经理说道：“是不是发动机降到这里就行了？ 那就试试吧。”如果采用 FF 布局实现这种造型，便可同时获得“超级跑车的车身轮廓和雅阁的实用性”。 但是，哪有这么便宜的事儿呀。 把互不相容的东西放到一起，“矛盾”马上就尾随而至。

总经理命令：“马上把团队成员都叫来。”他冷不防地对着发动机设计人员说：“喂，如果不把发动机降低 100 毫米，公司会倒闭的。”当然，发动机设计人员大吃一惊。虽然乍一看不合理，但是，他们却没做任何辩解，不愧是历届总经理辈出的发动机设计员，说句“知道了”就回办公室了。

除了发动机设计人员之外，装饰、车身、悬架设计人员，谁都认为那是不可能完成的任务。但是，听说几天后大家再次聚到一起时，却已经成功地把发动机高度降低了近 100 毫米。我觉得，方法虽然有些粗暴，但是不管怎么说，总算是达到了目的。

其他同事原本认为我们跟发动机八竿子都打不着，却突然也涉及到了自己。如果降低发动机罩，不仅发动机，就连悬架也会从发动机罩中凸出来，而空调等装置的安装位置也将不复存在。此外，仪表盘也会下降，连个伸腿的地方都没了。于是，大家都铁青着脸回到办公室。从那天起，设计师和工程师就开始了激烈争论。

在此过程中，产生了一些全新的构思，诸如发动机向后倾斜的进气系统采用新布局啦，新开发一款超小型空调啦，采用该级别车想都不敢想的双叉形臂式悬架（用于 F1）啦等等，最终达到了发动机罩降低近 100 毫米的目标。

这些方法全部都是大胆创新构思出来的。有这样一个比喻，叫做“没有做不到，只有想不到”。如果有非做不可的事，那么以往努力积累起来的理论，瞬间就会被推翻。理论就是这么一回事。

其中，也有失败。如果您足够细心，就会发现发动机罩降得过低，前照灯的位置远低于汽车安规标准规定的高度，这令我感到惭愧。不可能就这样拿去销售呀，于是，急忙想办法提高前照灯。还好，那办法最终获得了批准，虽然出了一身冷汗，但还是成功了。

可以说是“因祸得福”吧，这反倒成了一个特点，受到大家的青睐，各公司都采用了这种方式。以后生产的跑车自不待言，就连发动机罩较高、不采用这种结构的普通四门轿车，也形成了一种时尚。

之所以第二代“本田 CR-V”能走向成功，是因为概念对谁来说都清晰明了，也就是说，全体开发成员的想法“只有这个”，并在此基础上达成一致。“矛盾”也应该称为“不可能命题”，与“矛盾”斗争，虽然非常辛苦，但正因为如此，这种成功才能让大家产生“自信”。

一年半以后，基于这种自信开发的第三代“本田思域”，获得了第一届“意大利皮埃蒙设计大奖”，在设计方面成了“世界第一”。这时，距离我说出“形即是心”和那些狂妄自大的话，已经过去了“三年”。真是“水滴石穿”啊。

基本造型○△□

“基本风格还是方形呀。”本田先生注视着并排放置的“本田思域”模型。那时，“思域”搭载低公害 CVCC 发动机，车型种类也已扩展至四门车、五门车、厢式客车、旅行车等，销量稳步增长。

本田先生接着说道：“世间只有三种形状，那就是○、△

和□。圆形可以让人联想到‘圆满’，三角形可以让人联想到‘革新’，而方形则让人感到‘稳重’。企业的经营也是如此，如果只是圆满，那么公司非倒闭不可，一味地追求革新也很危险，归根结底必须稳重。因此，摸准时代的脉搏，适当地加入圆满和革新，这一点至关重要。”

他还说：“风格也是如此。特别是像汽车这样昂贵的产品，必须好好考虑这一点。偏重圆形和三角形，虽然开始很好，但是很快就会令人生厌。从这一点来说，方形结实耐用。”

经本田先生这么一说，仔细端详第一代“本田思域”的外形，发现其造型基本上是以梯形构成的方形，角部适当地抹圆，而在重要部位却边缘分明。七年之后，世人仍然还在购买它，或许有这方面的原因。

再看看大街上跑的车，确实有圆形、三角形、方形等多种形状，但是，只彰显“○△□”其中之一的汽车，虽然显眼，但却不好卖。

粗野的汽车造型更具冲击力。但是，拿三角形来说太尖了难靠近，而太圆了抓不住，这样就不会让任何人待见，要把握好这个度绝非易事。只有年轻成员的粗犷，或是只有资深成员的娴熟都是行不通的，而七三或是八二的比例则刚刚好。

看看此前获得成功的车型，几乎都具备“粗犷的魅力”。但是，在小改型时失去棱角，并在反复两三次改款后变得毫无个性可言，因而在这个世界上销声匿迹的例子并不鲜见。

那无疑都是假借“洗炼”之名，却忘了“洗炼”之本。“洗炼”的本意，应当是致力于去除糟粕，“洗”出被掩盖的“本善之性”，让其再次展现出来，然后通过“炼”来提纯。

八十年代中期，本田实施新总部大厦建设计划。有人告诉建筑公司的设计主管：“这个建筑，可以说是创始人本田先生和藤泽先生俩人的‘标志物’，希望尽量听取他们的意见。”负责设计的相关人员纷纷到他们那里征求意见，据说他俩的意见出现了分歧。

关于大厦的外观，本田先生说“方形好”，而藤泽先生说“圆形好”。害得他们束手无策，只好去咨询负责总部大厦建设项目的专务，专务答道：“建一座像思域一样的大厦怎么样？”

“我越来越糊涂了。”听了专务的回答，建筑公司设计人员更是一头雾水。“思域的造型，本田先生和藤泽先生都满意，世人的评价也不错。其中的秘诀，设计思域的当事人最清楚，还是直接问问设计师更省事儿。”于是，把我叫了去。

事情明明能够理解的，怎么搞得这么复杂，这是当时给我的印象。各位杰出的建筑和设计专家，静静地等待着我这个年轻人说些什么。我开口道：“我想问问大家，您觉得思域看起来是什么造型呢？”

我这唐突地一问，让人感到有些迷惑，但很快开始传来叽叽咕咕的语声，好像是自言自语一样，我拜托大家道："请大家按顺序一个人一个人地说出自己的感觉。"

"我感觉圆滚滚的，是圆形吧。"第一个人说道。"我感觉敦敦实实的，是方形。"第二个人说道。"既不是圆形也不是方形，是梯形吧。"好像是个经常看汽车杂志的人说道。虽然没有人说是三角形，不过，十个人十个答案，意见各不相同，一番争执后也没有得出一个统一答案。

我瞅准了时机，得意地说道："就是这样的。同一个产品的造型，一百个人看，能看出一百个样子出来。"并神气十足地公开了"○△□论"。我又进一步解释道："每个人都有自己喜欢的造型。为了把产品销售给各种各样的人，对喜欢圆形的人，就要贴心地说看起来像圆形，对喜欢方形的人，就要顺心地说像方形，总之，看起来有多种造型。不管在谁来看都是一种造型的东西，虽然在短时间内销售火爆，但是却不能经久不衰。"

思域的造型是将梯形角部抹圆。"虽然没有人说是三角形，但梯形却是介于三角形和方形之间的一种造型。所以，就思域来说，三角形归根结底可以说是一种'调料'吧。"我这样一说，大家的脸上终于绽开了笑容。

设计和品牌

二十世纪八十年代初，本田将第二代"本田 CR-V"和

“本田思迪”、第三代“本田思域”和“本田英特格拉”等独一无二的产品相继投放市场，集中力量确立“设计特性”，让人一看便知是本田的车。

这些产品均由高性能发动机以及独创的技术概念构成，曾经认为其他竞争对手无法企及。其中，高性能发动机被本田视为“核心竞争力（核心技术）”，技术概念则基于“以人为本”的企业理念及“M·M思想（乘员空间最大化，机器空间最小化）”。

但是，竞争对手并不会对本田的动向袖手旁观。一过两年时间，设计方法就让竞争对手赶上了，有的设计在外行人看来根本无法辨别是不是本田生产的。

一天，本田先生说道：“最近这车看起来都一个样。究竟是自家的还是别家的，都分不出来了。”我得意地说：“是别家在一步一步地向我们靠拢。”话音未落心中一惊：坏了！但为时已晚。本田先生脸色越来越吓人，他大声喝道：“不能怪别人！”最后，他说：“给我搞一个本田的四轮标志出来。”于是，由我负责组织大家开始研讨。

自从设计出本田的翅膀标志和英文徽标，到现在已经三十多年，四轮的“H”标志也已使用近二十年。这些标志都是创始人深思熟虑的杰作，我发觉要把它们统一起来并非易事。

首先，搞几项调查，弄清楚现有标志和徽标是如何设计出来的，以及它们在社会中的知名度和评价。同时，决定采用三种方法设计新的四轮标志，其一是由内部设计师设计，其二是面向员工征集，其三是委托世界著名设计师设计。结果，收集到的方案数量之多，出乎我们的意料之外。有趣的是，翅膀标志派、徽标派、H标志派和新创作派的数量基本相同。按照当初制定的入选条件，即要具备本田风格（先进感、品格）、要易于识别（距离10米也能识别），以100分为满分进行筛选。然而，符合条件的作品太多了，工作无法继续往下进行。

于是，又增加入选条件，即明确标志的“含义”。征集和委托的作品中，从设计上来说，优秀作品有很多，但是在“含义”和“使用方法”方面，内部设计师有明显的优势。从100分的作品中最后挑选一个，这事儿还得由本田先生定夺。

“你去吧。”头儿带着我去本田先生家。我将预先选好的100分作品逐个排开，没做任何解释，只说了句：“拜托了。”当然，其中也有我希望被选中的“那一个”。求老天爷保佑。过了几分钟，本田先生说：“就这个吧。”竟然正是我期望被选中的那一个，我的心里乐开了花。临走，本田先生说道：“重返F1的第一战就开始使用这个标志吧。”我觉得真是个好主意。

我准备的说明是：“标志的边缘是日本三弦琴音箱的轮廓，以方形为基调，抹圆，紧张而有力。截面是三角形。与以前学到的‘○△□’思想吻合。”“奔驰是圆形，我们是方形，而且，奔驰是三点，我们是四点。”

此后，车队在F1中连续获胜，标志的知名度得到提高，看准时机，本田的车型依次采用了新的H标志，旨在运用设计，把对本田产品的思考彰显到产品中，同时，通过设计产品标志，建立更加强大的品牌。

设计可以满足多样化的需求，并为世界各地的用户做出贡献。通过设计，可以与全世界的用户建立永久的关系。从这个层面上来看，设计也是塑造品牌的有力工具。为用户生产的产品，设计的目的是要让他们能够理解和倾心，而品牌则可以加速理解，类似于“速记”。

越是对用户直接说这是可以提高生活水平的好东西，越不能塑造强有力的品牌。只有设计，才能营造出这种全球性品牌的气场。因此，突出品牌是设计管理的巨大挑战。

企业要想真正与众不同，就需要积极运用设计这一战略工具，并应具备生产独特优秀产品的卓越能力。所谓真正与众不同，并不是指单纯地与其他产品不同，而是指“比其他产品更好”的状态。只有这样的设计，才能得到世人的赞叹。

当今世界，全球性企业要想拿出令“战略性赞叹”遍及世界各地的设计，就必须搞好设计管理。品牌是看不见的，而设计的目的，正是通过产品和标志使其具化为有形。正所谓“形即是心”。

设计是“企业的脸”

打算开始设计第三代“本田思域”时，作为企业方针，公司提出了“不同和差异”的口号。

“不同”和“差异”很复杂。 二者都是相对于某种“标准”而言的，问题是如何定位这个标准。 我想，既然是“企业方针”，那就应该是“大企业”吧。

提到大企业，当然，在日本就是 T 公司，而在美国就是 G 公司。 相对于这两家公司，保持何种程度的“不同”和“差异”就成了一个难题。 虽然也很不情愿，但是，从客观上看，却不得不以人家（他）的存在为标准，来决定自己的位置（特性）。

那么，与它们的存在（标准）之间能够有多大不同呢? 如果把握不好尺度，就会变成“差错”。 此外，为了在优势产品方面领先，只能“精确定位”攻击规定的目标。 而且，差异必须鲜明。

如果“不同”和“差异”不能打动用户的心，那就是自以为是，这一点至关重要。

把这种“不同”和“差异”化为具体的造型，是设计师的工作。 设计师首先需要考虑把什么（What）作为自己的核心竞争力，如何（How）将其有效地表现出来。 如果不能做到这一点，那么最终只能是虚有其表。

通过企业内部的设计工作，我感觉到设计就是产品本身，换言之就是“企业的脸”。以人为例，有句话叫做“挂在脸上”，身体状况欠佳时、心中有烦恼时，马上会在脸上显现出来。

但是，即便身体哪里不舒服，如果志高存远，思想坚定，面向前方积极生活的话，脸色也会变得有精神。当然，身心都很健全，充满热情和冒险精神，朝着远大目标努力向前，这种人的脸，光泽迷人，熠熠生辉，魅力无穷。设计也是如此。

有这么句话，叫做“对自己的脸负责”。到了一定年龄后，就必须清楚存在的意义，也就是说，要知道自己在世间为了什么而活，并应充分认识到己与他的不同和差异。真能这样做了，便会有人夸“脸色好”，换言之就是“有特性”。

像这样满怀自信固然重要，但是，这样的人往往会在不知不觉中出现自满，只考虑自己，脸色也跟着自私自利起来。一旦如此，就会让人觉得可怕，谁都不愿意接近，于是，整个人变得越来越焦虑，一副穷酸相。

人只有在具备实力和自信时，才会真正考虑他人的感受，即使舍弃自己，也要为全社会、为全人类着想。这类人的脸，是“有德之脸”，光看看就觉得心情舒畅、平静，而且想一直伴随其左右。

这样的脸，并不是一朝一夕能造就的。搞设计也是如此，不日复一日专心致志地设计是不行的。只是临阵磨枪一般地浓妆艳抹，穿上华丽的服装，即所谓“金玉其外，败絮其中”很快就会暴露无遗。

个人也好、企业也罢，地区也好、国家也罢，虽然大小不同，但是“脸”都很重要。拿企业来说，要造就“漂亮的脸”，也就是“漂亮的设计”，首先要求企业本身是健康的。

而且，要依靠综合表现，诸如员工的资质、技术能力、生产能力、销售能力、管理能力，以及经营管理层的决断能力，生产出满足社会需求的产品，并通过这些产品，把企业的思想作为“消息”传递给用户，这一点至关重要。

所以，对于企业来说，我认为“员工都是设计师，而总经理应该是优秀的首席设计师”。如果产品的设计不好，即使说这是社会的不幸也不为过。

设计最基本的作用，是把产品与人们丰富的生活结合到一起。但是，现代的设计已经完全融入产业社会体系中，它以生产和销售效率为最大目标，很多批量生产的产品，未必是按照人类生活所需而生产的。

这些产品过度刺激了人的欲望，常常有丧失生活本质的危险，旨在避免这种危险的设计方向，就在于正确捕捉有意义的生活现实。

我一直强调的“形即是心”，指用看不见的心来设计看得见的形。设计师和企业，必须时刻认识到自己的社会责任，那就是提供真正有意义、“优秀设计”的产品，以提高人们的生活水平。

文质彬彬

“只要看一下产品，就能知道是否下了工夫。”本田先生在第二代“本田雅阁”模型前说了这么句话，我大吃一惊。搞“思域”时好象也是这样，但成功车型后续发展就比较困难，这早已让人看透了。

那时，我特别钟意汉字的“一”字。“一”在汉字当中是最单纯最基本的，从小时候起，我就写了无数“一”字。落笔、行笔、收笔、提笔，并不是一件简单的事。蓦地，把本田先生所说的“有没有下工夫”与“一”字叠加到了一起。

如果把“一”字看成一条线的话，那么写字与画画是一样的，二者都需要一定的“技”能。“技”这个字，是提“手”旁加一个“支”字。这里的“手”是“手臂”的意思，指正常人的手指尖至肩头这样一个整体，由指尖、手指、手腕、胳膊构成。

在日本，“食指弯曲成钩型”的意思是“小偷、扒手”，表示让人为难、做坏事。日语中，说“用手指做事”或“手腕的工作”等，是指不熟练或者不称心。无论哪种说法，都是指粗活儿或初学乍练。

会使用整只手臂即胳膊，日语说成“胳膊前部抬起”。

日语中的“有技能”，指使用支撑胳膊的“躯干”处理事情，引申义即手头上的工作巧妙地成功了。 躯干既有腹部也有胸部。 日语中涉及“腹”和“胸”的词或词组有很多，例如“腹部安定不动”指沉着，“有度胸”指有胆量。 但即使让人说“沉着”或“有胆量”，也称不上“专家”。

躯干是指“腰”部以上的部分，而腰部是身体的“要害”。 日语说“腰进入”，指“使用整个身体”，但不适合使用整个身体阻止的人。 当然，也表示干劲十足，有气势。 如果出现这种情况，做事之人的情绪就自然而然地传递给对方。 这样的能力叫做“传播力”，这样的技术叫做“专家技术”。 富有竞争力的产品有“产品竞争力”，首先它肯定不会是粗制滥造或者不精致的产品。

一天，我忽然觉得“一”字跟车很相似，下笔后一气呵成，从前到后，如果不“使用整个身体”，就写不出气势如虹的轮廓。

此后，大概过了十年，看了第一代“本田奥德赛”用户调查报表了解到，很多“奥德赛”的用户感觉这款车的设计“雅致”，或许这就是大受欢迎的理由吧。

于是，忆起开发第二代“本田 CR-V”时的往事。 有些人说：“你的设计很‘雅致’。”我当时感觉雅致就是比较“弱势”或“女性化”。 后来终于明白，雅致的本义中没有丝毫弱势的意思，而是指“柔韧”，就像千锤百炼的身体。

同样容易误解的词汇还有“粹”。 九鬼周造（Kuki

Shuzo)(日本著名哲学家，京都学派成员之一。——编者注)在其著作《“粹”的构造》中指出，为了坚持“粹”，必须要有决定生死存亡（“粹”由‘生’与‘死’而来）的觉悟，其紧张感产生“艳丽”与“魅力”。

相比“雅致”，“粹”更大众化一些，但决非庸俗，倒不如说甚至能感受到其纯洁的品格。

而且，“粹”带有硬着头皮忍耐的成分，不具备“忍耐”能力的“粹”是不存在的，“雅致”也一样，如果从根底下没有“能力”，就无法维持雅致。此外，“雅致”大多解释成“优雅”，但是，如何在人们的眼里呈现优雅，没有这样的背景是说不清楚“雅致”的。

在世界各地，昔日的贵族每天倾心于以“优雅=雅致”为美德。事实上，这没有我们现代人想象的那么容易。他们常常置身险境，不知何时会没落，其看似优雅的生活，其实背后有各种不确定的紧张因素。可以说在极限状态下过活，是对雅致的锤炼。

世阿弥只不过是一个艺人，他自身的生活根本与“雅”的世界无缘，但在舞台上还是完美地展现了贵族文化的优雅。不过，那无非是在面对观众的紧张感基础上表现出来的“雅”。

二十世纪九十年代初，中国的相关人员来到日本，跟我们研讨是否有合作的可能。餐后闲聊时，我在他们面前写了源自《论语》的“文质彬彬”这四个字，说：“这就是我的设计方针。”大家围过来看，纷纷称赞：“这是好词儿。”

我想，这可是个好机会，便向他们询问我的理解是否跟中国本来的意思有差异。原来，文质彬彬指“文雅”，意即外在与内在（本质）完全相同，全都“品格高尚”，相当于英语的“elegant”。回顾自己走过的历程，我好像在不知不觉中把目标设定为“雅致的设计”。

设计师的能力

我一直考虑，通过培养想象力来产生“创造力”。那么，设计师怎样培养“想象力”呢？我想谈谈我自己通过设计工作，好不容易才总结出来的想法和做法。

我们人类的祖先，掌握了直立行走的能力。头部因大脑发达而不断增加重量，并由脊骨支撑，其中脊骨起支柱的作用。相比四条腿行走，双腿走路更易于支撑沉重的头部，而且，直起身来还解放了双手。

猿人大脑的重量约为 350 克。据称，现代人大脑是其 4 倍达 1.5 千克左右，明显比猿人的大脑要大很多也重很多，其三分之一用于控制手和手指的活动。大脑因使用手和手指而发达，或者因为大脑的发达促使手和手指得到更多使用，总之手的活动一定与大脑密切相关。

站立使视点升高，因而可以看得更远。人类不具备强有力的牙齿和爪子，所以，对于人类来说，为了保护自身安全免受敌人的袭扰，瞭望远处，尽早了解敌人是否接近，肯定是生死攸关的问题。

因此，可以说“预知”的能力，亦即“预测”、“计划”、“企划”等只有人类才具备的智力，也通过大脑获得，前已述及，大脑是因直立而变得又大又重的。把眼睛看到的东西用大脑记住，处理该信息并向手发出指令，反之亦然。眼睛和手通过大脑反复交换信息，大脑当然就能日益受到锻炼。

手和手指自如活动操控画笔，把大脑中描绘出的形象（想象）画出来，以便让他人看得到，“设计”工作就是从这一步开始的。设计师每天都做这项工作，脑子自然越来越灵活。

年轻时，我对自己说“一画画脑子就好使了”，于是每天都画很多素描，这是一种很好的训练法，能够多活动手，以掌握一种既不偏向抽象也不偏向具体的思考方法。换言之，那就是“创造力”在手中。

我们依靠老师和教科书，通过“知识”这种形式，学习前人建立的学问。也就是说，我们从半截开始攀爬“学问之梯”，前人已经把它搭好了，定理和定律直接用就行。

另一方面，技工和设计师、画家和演奏家、外语也是一样，不过，这类技能只有从头儿开始“通过亲身体验掌握”。

因此，目标专家的技能，不从零开始反复练习就无法掌握。其中，虽然也不乏天才，但一般都没那么幸运。无论是“模仿”还是“传授”，朝着目标架好的“技术之梯”，都必须从最下层开始攀爬。

在“全神贯注”时，如何贯注哪样的“心神”呢？我们无法看到别人的“心”，自己的“心”也无法让别人看到，亦即，他人的心既不能“仿”也不能“教”，结果，“心之梯”是由自己朝着自己的目标架设，而且必须从最下层开始攀爬。

即使是相同的“产品制造”也分两种，一种是技工的工作，一个一个地手工打造，另一种是设计工作，旨在以一批十几万为单位批量生产。乍一看，会感觉这两种产品制造方法有着天壤之别，但是，二者的本质是相同的。

有关设计的“知识”和“技能”，在学校学习或者求教于前辈，再经反复练习就可以掌握。然而，更普遍的现象是，很多人读多少书，怎样求教于老师都无济于事，就是掌握不了。

无论哪种工作，不用自己的大脑思考，不用“心”，肯定不会得到好的结果。这就叫“智慧”。而且，这种智慧，是靠“愿”引导出来的。所谓“愿”，就是“希望这样做”、“想为您这样做”等。也就是说，“愿”是打开知识宝藏之门的钥匙，知识飞出来，转瞬间就变成智慧。

智慧产生优秀的设计。在这五谷丰登的时代，如何心怀大“愿”、如何酿造大“愿”呢？这大“愿”就是“希望这样做”、“想为您这样做”。为了做成这样的事情，需要“营造一个气场，旨在完成丰富和令人振奋的创新行为”，那个气场应足以震撼人的心灵。

“心”可以用“知、情、意”来表现。“知”，指遇到什么；“情”，指心因遇到的东西而被打动；“意”，指打定主意。这种知、情、意的感情就是“感动”，据称，体验这种“反应”的次数越多，人的内心就越丰富。自己渴望什么事情的那颗心，总是带有创造性的，很容易被“事物”所感动。

本田先生曾说过，制造产品时，“要与用户有同样的感觉”。这不外就是教导我们“要与用户一条心”。回想演员与观众配合默契的状态，正是观阿弥（日本南北朝时代的能乐作家、演员。——编者注）所说的“主客一体”的境界。

不二之山

“日本人为什么喜欢富士山呢？”本田先生问道。“因为很美吧。”我马上回答。“为什么美呢？”本田先生又问，这下子我哑口无言了。那是在二十世纪八十年代后半期，我已经着手开发第二代“本田里程”。

从小时候开始，就画了无数张富士山的画。虽然我也喜欢三轮山优美的风景，不过，富士山庄严的美，在我上了年纪后还依然喜欢。美的理由其一在于它的“对称形”，其二是富士山有火山爆发这种自然力量打造的山脊“抛物线”，其三是富士山特别“高大”，其四是富士山“引人注目”。

北斋等代表了一个时代的一流画家，大概也是因此而对富士山格外青睐，当然还有它变化的美。春夏秋冬四季变迁，一朝一夕昼夜变化，风花雪月景色变化，美不胜收。富士山位于本州中部，从百里之外也望得到。二战后，从西方角度看到的日本形象是“富士山、艺妓”，这在国际上非常有名。“要是能造这样的车就好了。”本田先生是不是怀着这种心情提问的呢？

提到“对称形”，“富士山”也好、“美”也罢，汉字都是左右对称的。“日月”、“金木水火土”也一样。对于日本人来说，重要的事物中有很多“对称形”。对称形包含一条看不到的中线，通过连接天与地，让人预感诸善神降临，给人以一种安全感。

而且，以那条中线为轴呈对称状的抛物线，可以说是强度和美感的完美呈现。这也并非凭力量，而是凭柔性和坚强，例如竹子的柔韧和石砌城墙的脊线。最近，我觉得这些因素特别像人体的线条。

身体的构造是躯干、胳膊、手腕、手指、指尖，跟竹子完全一样，越靠近端部越细、越短。据说游泳和体操选手中越能做出漂亮的“抛物线”的选手，实力就越强。其中的力与美更是给人带来无尽的享受。

北斋的绝笔，画的是一条飞越富士山翱翔于天的龙。他把“富士”称做“不二”，把高雅的美当成终生的目标。所谓“不二”就是“没有两个”的意思，即“唯一”。事实上，日语中“富士”与“不二”的发音是一样的，只不过汉字不同罢了。

日本人钟情于富士山的感情，是不是就在于此呢？我自己也憧憬富士山的风采，希望成为唯一，希望设计出能被称为唯一的造型，这些想法一直萦绕在我的心头，以后也不会改变。

汽车制造业属于基础工业。二十世纪八十年代，针对欧洲市场日系车抬头，德国各汽车生产厂商，一定认为汽车会重蹈照相机和电子工业失败的覆辙。于是他们下大力气开发产品，同时，为了提高品牌实力，开始强化“特性”。

不提德国这个国度的历史，就没法说“奔驰”公司。十八世纪末，在“工业革命”大潮中，德国起步大大落后于英法，之后便向着振兴科技、工业立国的目标努力奋斗。结果，十九世纪末，戴姆勒把汽油发动机的汽车付诸实用，为发扬国威做出巨大贡献。奔驰提倡“绝对或没有”，以“最高”为目标，把历史、传统和可靠性，当作与竞争对手的差异，宣传自己的优势。奔驰至今还给人“权威主义”的印象，就是这个原因。

奔驰是杰出的公司。与奔驰不同，“BMW”作为汽车生产厂商资历尚浅，因此在与奔驰抗衡方面，必须确立不同的

"特性"，以提高其自身的影响力。

二十世纪七十年代初，普鲁士贵族埃伯哈德·冯·金海姆(Eberhard von Kuenheim)总裁宣称要让BMW实现现代化。"并非大的吃掉小的，而是快的吃掉慢的。"他的这种说法，明确表达了BMW所瞄准的方向。BMW追求"速度"，而且始终追求基于德国式技术与可靠性的速度，花了十年时间把它的形象渗透到全世界。又过了十年，到二十世纪九十年代后半期，奔驰和BMW都强大起来了。

其间，本田与奔驰、BMW等根本就不在一个高度上。在这种情况下，如果德国再有人说"本田真了不起"，那他的评价将会传遍全世界。

而且，无论如何也必须提高技术实力，使特点变得更加出色，这关系到确立"标识"。如果像BMW那样花十年时间，那么本田也一定能行。必须明确目标，并顽强地坚持下去。

富士山是日本最高的山。全世界有很多山都比富士山高，然而，在接近4000米的高山当中，却鲜有富士山那样的山。富士山特别出众，格外显眼，而且，谁看了都觉得是一座"美丽的山"，而不是普普通通的山。

因此，富士山是"不二"的。它不仅"高、大"，而且是出众的、美丽的、值得日本人夸耀的一座灵山。本田希望像"富士（不二）山"那样，让人的心灵得到净化。我听得到本田先生的心声。

设计的共创力

前本田总经理久米是志先生著有《“无分别”的推荐——引领创新的智慧》（岩波书店）一书，他在该书中指出：“所谓创新，是指建立一种‘信息’，即‘因此，这样做就可以’，旨在制造出新‘产品’或‘事件’，而那新‘产品’或‘事件’，有着迄今为止世上从未有人体验过的益处。”

如果这样考虑，那么本田的历史，就可以说是全体员工绞尽脑汁不断思考的过程，也就是思考为了如何才能完成“出色的创新行为”的过程。

书中还指出：“创新行为进一步提升成为‘共创’，是指项目团队的全体成员相互协作完成创造，这期间，会动用他们自己拥有的‘创造力’（creativity）与‘能力’（capability）。”

“因此，这样做就可以”这个新的信息，绝不会从组织外部获得。有益的信息，都是组织内部职工，从自己的内心发出的。因为信息这个词是由“信”与“息”构成的，前者是“信用”和“信任”的“信”，是“人言”，而后者是“消息”的“息”，是“自心”。

近来，在日本街头经常看到的交换手机号码等情景，这就包含了很大的信任成分。在由自心而来的“息”字前面，加上代表人言的“信”字，就会产生其组织特有的信息。“知识管理”是源自日本的理论，它是一种旨在把信息联系起来，以创造出知识的经营方法。

久米先生说，为了更深层次地领会共创，“最好还是援用佛教所说的‘自他相依’（自己与客体不可分的心理状态）和‘无分别智’（智慧的一种类型，它超越主体、洞察真理，无法用语言表达）这两个概念。”

把自己与外界（他）割裂开来考虑问题，以这样的心态无论如何也不可能产生能够完成出色创新行为的灵感。相反，如果能达到忘我的境界，灵感自然而然就会浮现。团队成员心心相映，便可以共同完成出色的创新行为。对于本田来说，本田先生这位领导人逝世后，本田这个组织为了保持向心力和创造力，继续向前发展，需要代之以无分别智（佛语，又作“无分别心”。指舍离主观，客观之相，而达平等之真实智慧。——编者注)。

关键在于，如何汇集各自的积极性和智慧、如何将它们融合到一起。总之，怎样设计共创、怎样促进在那种气场下的“相互曳引（entrainment）”，就是管理上的重大课题。

开发第一代“本田思域”时，首次尝试了这种“共创”管理，我作为外观设计负责人参与了该项目。从当时的经历中，我懂得了设计师在共创的“气场”下，应该承担怎样的任务，还明白了为了创造有竞争力的产品，设计师需要具备哪种能力。“设计的共创力”就包括这个含义，它是我自己原创的词语。

本田是一家以摩托车技术为基础进入汽车产业的公司。本田人才济济，他们都富有个性，具有丰富多彩的想法和技术，并与本田先生的“强烈愿望”产生共鸣。“思域”开发与此前的不同之处是集体领导代替总经理领导，并在新的领导制度下开展工作。

研究所的组织结构，按“功能块”区分。例如，A 为附件、B 为车身、C 为底盘、D 为设计、E 为发动机等。各部门仅负责制造自己分管的产品，只能制造零部件却不能制造完整的汽车。因此，首先组成项目组，每个部门各抽调一人集中在一起，组成横向联系的团队。不过，这个团队与功能块的意见很难一致。

这是因为功能块总分别叙述各部分情况，诸如“发动机……”、“车身……”、“悬架……”等。希望制造质量好、成本低的产品时，需强化纵向联系的功能块。但是，这样未必就能造出好车。因此，下一次就会强化横向联系的项目团队。不过，光靠纵向或光靠横向都造不出好车。管理到底要强化哪一边，让人煞费苦心。不过，就在这种纵向和横向交替强化的时候，“好车”造出来了。置身于这种变化莫测的状态之中，自己营造“可以变化的状态”至关重要。

为了创造新产品，需要与异质相遇而产生刺激。本田经常开展“隐居山中”、“闭关”活动。离开设备齐全的工作场所，住到偏僻的地方，躲在那里直至极限状态，在与平常大相径庭的环境和心理状态下，酝酿能够创新的机会。

通过与异质事物的接触，可发现同质事物的多样性。经常想以“企业改革”为名变更组织，可是，如果急于改变组织本身，那么说不定在什么地方就出现不合理现象。“不合理”现象多的公司，肯定杂乱无章。在这方面，使本田发生改变的是第一代“本田思域”。该产品开发过程，改变了产品制造工艺，进而改变了整个企业。

“饭团子”与“腌菜石”

“你们是不是想对饿得要死的人说‘我去给你买鸡素烧的肉，你等着！’”本田先生大喝一声。那时，还不知道日本经济增长就要停滞不前了，大家都还在享受富足的生活，人们对车的嗜好也趋向于更高档、更豪华。

本田希望以NSX、第四代“本田CR-V”、Beat等跑车路线，打造更强烈的“本田个性”。不过，竞争对手迅速捕捉到这个趋势，纷纷投资搞高档小型车，而且情况不错。前面那句话就是对这种动态袖手旁观、反应迟缓的批评。

“这是技术啦、那是性能啦，光说不练，就在现在，就在这个瞬间，是不是无法顺顺当当地拿出来用户真想要的车呢？相比未来的鸡素烧，更需要现在的饭团子。”本田先生说道。对社会需求不敏感的设计师，就算不上合格的设计师。

那么换一个话题，说说那个“饭团子”。母亲为孩子做饭团子时，食材大多是现成的。她熟知孩子的好恶，甚至连手的大小、嘴的大小、吃法也全都了如指掌。自从听了本田先生说饭团子的那句话，我便开始认为设计就是“母亲做的饭团子”。

一边想着孩子吃东西的状况和喜悦的表情，一边全神贯注地捏饭团子，它既不软也不硬。因此，孩子绝对信得过母亲做的饭团子。而且，根据不同时间、不同地点，诸如平常吃的盒饭、郊游和运动会时吃的饭菜，母亲会改变饭团子的种类和做法。没错儿，这也可以说是“市场导向”。

不仅如此，母亲对孩子的想法一清二楚，总是别出心裁，就是为了让孩子感到惊喜。有一天去郊游，孩子张开大嘴咬一口饭团子，感觉这味道从来就没有过。里面的夹心，竟然是维也纳香肠，孩子马上就向小伙伴炫耀。这是典型的“产品导向”。

这种“市场导向”与“产品导向”，通过母亲关心孩子的那颗心，巧妙地组合到一起，发挥巨大威力。总之，可以说母亲就是杰出的设计师。

现如今，无论是销售还是生产抑或是开发，在任何现场都说“提高创造力”，然而，却不告诉如何提高。母亲怎样为孩子做饭团子呢？靠绝佳的创造力。有什么秘诀吗？我认为，秘诀就在于“愿”。

强烈希望“就要这样”，让感官总是保持敏感来处理事情，我称之为“无愿不创新”。如果这样考虑，那么把

“第一代思域”、“第二代“本田 CR－V”、“第一代奥德赛”——曾经的三座大山，称作“妈妈的饭团子”也未尝不可。

“饭团子”离不开的伴侣是“酱菜”。现如今，酱菜总是从外面买回来吃，而以前，家家户户都自己腌制。例如，腌制米糠酱菜，是把米糠酱（用水搅拌米糠，加入盐和其他调料制成的酱）放入咸菜桶中，再把萝卜和茄子浸入米糠酱里，上面压一块“腌菜石”静置几天。然后，萝卜和茄子的水分与米糠酱的盐分相互置换，就到了适口的时候。

这种“腌菜石”，本来是河滩上俯拾即是的石头。但是，它却是腌制酱菜所需的重要“工具”之一。现在想起来，上小学那会儿，有一次奶奶让我骑自行车去纪之川的河滩上捡石头，回来当“腌菜石”用。

普普通通的石头，自打称为“腌菜石”以后，好像就有了某些区别于其他石头的特征。首先，是尺寸和重量适合所腌制的酱菜。其次，是形状不容易滚来滚去且方便用手拿。再者，是坚硬、完整、不破不裂、无大坑小孔、圆滑等。而且，因为它与食物有关，所以“外表”适当也至关重要。

去河滩，心里想着奶奶的身材和手把劲儿、拿起放下石头的情景、喜悦的神情，寻找符合那些条件的石头，这其实与设计行为是异曲同工的。

就像在超市里销售的“仿腌菜石”一样，目前，差不多所有的“产品”都被当作“商品”对待。“设计”与“产品”息息相关，所以，可以说设计处理的是“产品”。特别是站在制造者和企业角度看到的“设计”，无非就是“产品制造”的一环。

对于用户来说，选择日常生活所需的各种产品时，就像根据每个标准挑选河滩上的石头，并让其升华为“腌菜石”一样，从众多产品中，选取真正需要的、生活中用得上的产品，选取成为自己得力工具的产品，这也是广义上的设计，是针对用户设计。

一无所有

“RV（房车）还没搞出来吗？”经销商催得越来越厉害，在万众期待之中，本田风格厢式旅行车的模型完成了。原来主要是面向美国市场搞起来的，但由于日元急剧升值，于是有人推断会转为以日本市场为主体。

赶紧给日本营业部门提交方案，不过评价不是很积极。据称，其理由是这样的，在日本市场上，竞争对手的通厢旅行车（ONE BOX CAR）所装备的“柴油发动机”、“滑动门”、“旋转式座椅”等，方案模型中全都没安排。

而且，还嫌“车顶不高（事实上，没有一家工厂生产车顶高的车）”等，耳边全是“没有、没有”的声音。在销售预测调查中，甚至都出现了“每月勉强能销售 1000 辆”的结果。

然而，如果仔细分析一下就会发现，这项调查只是在商用通厢旅行车用户之间展开的。另行开展调查工作，把对象用户扩大到轿车——旅行车和厢式旅行车等，竟然得到“月销售可近一万辆”的数据。

谁都对意想不到的数字感到惊讶，不过，此时大家想都没想过把这款车当成“轿车”销售。社会上对本田寄予期望的是商用通厢旅行车之类的 RV，无法设想当时的日本社会能够接受“多人乘坐的轿车”。

而且，还有一种担心，那就是会与“雅阁旅行车”形成竞争，这款车从美国进口，特别畅销。尽管概念和性能完全相同，但是，一款是五人座，另一款是七人座，很可能会搞垮雅阁旅行车的市场，那市场可是好不容易建立起来的。日本营业人员说，相比“多人乘坐的轿车”，更期盼“商用通厢旅行车”，这话可以理解。

无论从哪个角度看，开发团队的状况都只能说是真正处于逆境。团队更加振作起来，无论如何也要把“一无所有”变成“应有尽有”。

当时的状态不容乐观，如果没有扭转乾坤，把“一无所有”变成“应有尽有”的好创意，就一步也无法向前迈进。在这种情况下，我们的团队毫不气馁，继续努力研讨，很快想出了很多新点子。

关于“柴油发动机”，都说“没有它不行”。的确，在耗油量方面，柴油更经济，但考虑噪音和振动以及排气冒黑烟等因素，在舒适性方面，汽油发动机远比它优越。至于汽油发动机耗油量高的弱点，可以靠 VTEC（可变气门正时）发动机的改进和低全高、低重心的空气动力学车身，把高速耗油量低当作卖点。

其次，关于“高车顶”，都说“是必须的”，不过，哪怕矮一些，只要能在车内站着走路就行，而且矮了重心就低，可营造出行车稳定性高的驾乘感受。团队在无限速的德国高速公路上开足马力狂奔，感觉舒适性与轿车不相上下。

再者，说到被强烈要求的“滑动门”，老年人和儿童用着不方便，在坡道上开关滑动门甚至有可能出现危险。在这一点上，通过彻底调查不同家庭结构和不同场合的使用情况，得到确切的答案，即四个双动自止门非常好用且安全。在此期间，还发现一个优点，那就是四个人可以从四个双动自止门一齐上车，这使团队信心倍增。

同样，有人提到的“旋转式座椅”，团队也进行各种调查，事实上几乎没听到有人说在用。因此，应该有更好的座椅和更大空间的使用方法，绞尽脑汁想出来一个创意，就是“收纳式后座”。

关于风格，也拘泥过。努力打造出“雅致”气质，这是商用车根基——通厢旅行车无法拥有的。我觉得，这款车参加婚礼也好参加葬礼也罢，在银行前也好在酒店前也罢，往那儿一停，不至于给自己丢面子。最终我们辛苦打造出了“先进的通厢旅行车风格”。

FF 布局是一项比较困难的工作，在进行 FF 布局过程中，团队为搞不出所说的造型而一筹莫展时，我不禁插嘴说道："即便是第一代今日，不是也能完成吗？"从那时起，设计师们发奋努力绞尽脑汁，终于产生了前支柱一侧带"三角窗"的创意。于是，低全高通厢旅行车外形完成了。

而且，配置如此齐全的车，定价才 200 万日元，谁都买得起。可以说，正是因为有踏踏实实的努力，有费尽心血的拼搏，就像搞基础车型——"第五代雅阁"时"降低制造成本，提高产品质量"那样，才能有这么低的价格。

经历了千辛万苦，这款车终于荣获那一年的"年度车型"奖。开发团队的热情把缺点变成了长处，把"没有"变成了"有"。发售时，这款车命名为"奥德赛（ODYSSEY）"。所谓"ODYSSEY"，相传是古希腊荷马创作的长篇史诗，讲述的是长达十年之久在外漂流生活的故事。

"设计管理"的威力

二十世纪八十年代后半期，本田开始提倡"设计管理"，不过，我想表述一下我自己的意见。这种"设计"与"管理"连接起来的概念，事实上有两层意思。

首先，分别考虑其各自的含义。关于"设计"，在第三章第一节中已经解释过，此处不再赘述。而关于"管理"，查《广辞苑》得知，有"经营、处理、运营"等意思。

"经营"原来有创造性的含义，指绞尽脑汁想办法完成建筑物那样庞大的产品，而"管理"则指管辖并保持，其保守的意思比较强烈。一般说来，"设计管理"用后者的含义，设计处于被管理的地位。

另一方面，我所思考的"设计管理"，把重点放到"设计经营"上。也就是说，可以解释为把设计放到决定经营形态和工序的位置上。因为这其实是本田采取的立场，而我则长年从事产品开发工作，认为应以产品竞争力，特别是设计实力来支持经营，在"经营"的层面上把握管理。而且，这也需要通过产品开发，从设计师的角度根据"设计经营"的经验和实践的过程而定。

在本田，作为旨在使共创具有最大效果的方法，首先在组织内部把设计以及设计师的作用，放到不同于当时一般企业的位置上。这毫无疑问就是本田"设计管理"的开端，我称之为"橄榄球法"。

"橄榄球法"，以项目团队内部的工程、设计、市场营销（工程师、设计师、市场营销人员）三方并肩作战的形式联合起来，共同开发产品，以获得缩短开发时间等效果。这种方法是"真正卓越的工具"，旨在整合产品开发过程的所有阶段，可以为设计定位。

这种"设计管理"，也可以进行"如何为产品和服务增加信息这一经济价值的管理"，我认为利用它创造的产品，能够完全满足企业和社会的需求。其中，可以认为设计对抱有同一个理想的贡献是很大的，那个理想就是向应该到达的战略目标勇往直前。

产品设计并非仅仅画出产品的造型那么简单，进入新的阶段时也需要画，以让其发挥应有的作用。对于用户来说，产品必须有实用功能层面的价值，如易于使用等，而且，还必须有附加值，这附加值是靠设计增加进去的，诸如外观优美、造型高雅极具魅力等等。因为这就是打动消费者的“信息价值”部分。

而且，连因产品而引起的世间各种“事件（事情）”也必须设计。在当今时代，好“产品”就是人们能够从这种“事件”中获得幸福感的东西。

在质疑“事件”重要性的环境当中，设计者肩负着站在企业与用户的结合点上创造魅力的责任。因此，企业要针对以下三点强化自己的意识：

第一点，“站在经营高度上俯瞰设计是商业的需要”。设计是把用户的经验提升为更丰富的经营资源，其管理的好坏，直接影响企业的声誉和经济效益。

第二点，“设计是能够让战略可视化的商务工具”。设计是重要和宝贵的经营资源，它能够把高层管理人员的战略决策，与现场每天的生产活动直接结合起来。

第三点，“为设计投资，可以增加品牌价值，降低开发成本”。战略管理旨在产品开发、工厂设计以及宣传设计，它对节约资金有举足轻重的作用。

把握这三点，企业就能作为“有设计管理的企业”顺利运作。

明治时期，南方熊楠（MINAKATA KUMAGUSU）说过一句话：“有一个‘不可思议的世界’，它是‘产品’和‘心’创造的‘事件’。”所谓“事件”，是指人通过获取、使用“产品”，感觉到“有趣”或者“快乐”的那颗“心”的状态。

制造出能够获得这种幸福感的产品，设计师最为擅长的“可视化能力（文字、草图、模型等）”和“综合化能力（与各部门协调能力和领导才干等）”，能够起到重要作用。设计师是“设计管理”的主角，其原因便在于此。

设计是文明还是文化

日本泡沫经济崩溃之后的十年时间，被评论家称为“失去的十年”。然而，我却把它定位为“思考日本未来理想状态的宝贵十年”。继明治维新之后，日本二战战败，这对日本西化起了重要作用，日本西化也可称为“科学技术化”。二战前，日本有独特的生活方式和文化，那就是既有自古传承下来的本土神道，也有道教、佛教、儒家思想。二战后，日本通过对战争的反省，决意舍弃一切旧的东西。这不免有些可惜，当然，也因此形成了巨大能量来推动战后复兴。

提到科学，与文明合到一起就是“科学文明”，例如明治的文明开化，它起源于从西洋引入的科学。 艺术与文化合到一起就是“艺术文化”，诸如平安文化、室町文化、元禄文化等。 因此，可以这样说，科学创造出文明，艺术培育出文化。 那么，设计是文明还是文化呢？

“文化”在英语里是“Culture”，其词源是“Cultivate”，有耕作或栽培的意思，这真出人意料。 寻找肥沃的土壤和充沛的水源，耕地撒种，出芽长叶，开花结果，于是果实又成为种子，如此与时间共同“变化”。

如何找到肥沃的土壤和充沛的水源、如何精心培育，取决于个人敏感性和技能，是耕作或栽培的关键。 当然，由于个人的能力和个性都不在一个层次上，因而会出现“不同和差异”。 做这种个人差异较大的“事件”，就像做农活儿一样，太难也太艰苦。

另一方面，“文明”在英语里是“Civilization”。 其词源是市民（Civil）。 执政者运用科技手段，让市民在城镇（City）里过得富裕，期盼并努力使全体市民尽可能“平等、平均”，自来水和燃气就是最好的例子。 当然，人们希望“进步”，诸如物价更便宜一些、水质再提高一些等等。 因此，几乎所有的“事件”都要打上价格（金钱）的烙印。

这样一想，“文化”就可以说是一种“事件”，它“变化”莫测，难以用数值表述且颇具个性。 与此相反，“文明”希望“平等”，期待“进步”，尽量用任何人都能明白的数值表达。

以上这些并非要讨论文明和文化孰好孰坏。二者都很重要。但是，不可否认，二十世纪后半期过于偏重科学文明。我总觉得，只有在这种反省当中，才能找到二十一世纪“产品制造”的关键。

我喜欢“进化”这个词，与其说是因为我认为它是由进步与变化组合而成的，倒不如说因为相互对立、相互斗争、相互融入的过程十分精彩，所谓的变化就在于此。现代“设计”的原则是，以采用机器批量生产为对象。工业革命让人类掌握了批量生产的方法。而且，近代设计理念的产生，据说也是从那个时期开始的。

工业革命前后，“产品制造”的方法及其结果截然不同。工业革命前，“产品”靠技工手工制作一个或者几个。工业革命后，根据设计师和工程师设计、制作的图纸和模型，批量制造模型的复制品。可以说，现代批量生产系统就是批量复制系统。

工业革命是在十八世纪末兴起的，不过，在比它早几百年的十五世纪中叶，利用古腾堡发明的活版印刷技术，就可以批量复制了。这就是靠机器批量生产的起点。以前的书（很多是《圣经》），要靠人工一本一本地抄写，或者每页雕一块木版，再利用这些木版印刷。当然，无论哪种方法都不可能大批量生产。因此，书籍因价高而与平民百姓无缘。近年，由于通信和电脑发达，因而常常能听到“信息革命”这个词，不过，其根源却在于此。因而，“设计”也是科技发展的主角，它以批量生产的产品为对象。

今天，大家都期望“从文明到文化”、“从产品到事件”，对于企业来说，自己创造出并利用“产品制造”所需的经营资源（人力、材料、资金）以及“信息性经营资源”，需要像能够“制造事件”一样的“现场表演技巧”。因此，被人注目就是设计，它是创造出“事件制造”用信息的方法之一。

在这个意义下，除了以前的“科学”及“艺术”观点之外，设计还开始需要新的“经济”及“信息”这两个坐标轴。

因此，“设计”处于整合四个坐标轴的位置，四个坐标轴分别是科学、艺术、经济、信息，它们都在当前社会活动中发挥重要作用。打个比方，“设计”就好像是把四个丸子穿起来的扦子，也可以把“设计”比喻成“淀粉”，就是将艺术（文化）和科学（文明）、经济和信息等四种食材烹调、最后用来勾芡的“淀粉”。归根结底，可以说“设计”是“魅力价值创造学”。

后记

在二十世纪八十年代经济高速发展环境下，“物溢”不断加重，其结果是九十年代出现“物离”现象。进入二十一世纪，本想终于在产品制造方面能看到光明时，却出现了金融风暴。如今有很多日本人对产品制造失去了信心。但是，并不是不需要产品制造本身，应该说是期盼“好产品”。

目前，在所有产品制造现场，大家都在喊“提高创造力”。不过，究竟怎样做才好呢？这可是一个难题。但是，根据经验，我认为“愿”是至关重要的。“强烈期望想这样做”，就一定能有办法。

我在本田从前辈们那里学到了一个共同的理念，即真正喜欢、接受“汽车制造、产品制造”这份工作，并全身心投入进去，而且在工作中得到快乐，把别人的喜悦当作自己的喜悦。

今后，会从依靠企业创造价值的时代，转变为“买方、用户共同创造价值的时代”。当然，创造产品的人，他的那颗“心”至关重要。应该问一问，到底为谁“全心全意”？

这种“全心全意”的行为，日本人最为拿手。现在，又一次回忆起它，希望重拾产品制造的自信。期待以“热忱的心”“为全社会、为全人类”设计出“利他的产品制造”，现在是时候了。归根到底，“形即是心”。

在本书出版之际，JIPM-Solution 的长谷川浩二先生，为连载一年后编辑本书给予了大力帮助。

此外，大川雅生董事长提供了向编辑工程研究所、ISIS 编辑学校博客投稿的机会，松冈正刚先生和管理人员等众人，对于一部分内容转载到本书给予了理解和热情支持。

而且，日本经营合理化协会的金森大介先生，帮忙将《教育者“共育”也》部分内容在该协会的主页上连载。在此向他们致以衷心的谢意。

最后，向各位读者表示衷心感谢。

岩仓信弥

东方出版社助力中国制造业升级

定价：28.00 元

定价：32.00 元

定价：32.00 元

定价：32.00 元

定价：32.00 元

定价：32.00 元

定价：30.00 元

定价：30.00 元

定价：32.00 元

定价：28.00 元

定价：28.00 元

定价：36.00 元

定价：30.00 元

定价：32.00 元

定价：32.00 元

定价：32.00 元

定价：38.00 元

更多本系列精品图书，敬请期待！

畠山芳雄“管理的基本”全系列

定价：32.00 元

定价：30.00 元

定价：24.00 元

定价：24.00 元

定价：21.00 元

定价：20.00 元

定价：26.00 元

定价：19.00 元

定价：26.00 元

定价：29.00 元

定价：20.00 元

定价：20.00 元

定价：19.00 元

东方出版社更多精品图书　敬请期待！